●丛书主编 庆振轩

兰州大学出版社

图书在版编目（CIP）数据

故事里的文学经典. 诗经 / 王莹著. -- 兰州 : 兰州大学出版社, 2014.10（2019.9重印）
ISBN 978-7-311-04595-1

Ⅰ. ①故… Ⅱ. ①王… Ⅲ. ①《诗经》—诗歌欣赏 Ⅳ. ①I206.2

中国版本图书馆CIP数据核字(2014)第246791号

策划编辑 张 仁
责任编辑 钟 静
装帧设计 张友乾

书　　名 故事里的文学经典 诗经
作　　者 王 莹 著
出版发行 兰州大学出版社 （地址:兰州市天水南路222号 730000）
电　　话 0931-8912613(总编办公室) 0931-8617156(营销中心)
0931-8914298(读者服务部)
网　　址 http://press.lzu.edu.cn
电子信箱 press@lzu.edu.cn
印　　刷 三河市金元印装有限公司
开　　本 710 mm×1020 mm 1/16
印　　张 12.5
字　　数 207千
版　　次 2014年12月第1版
印　　次 2019年9月第3次印刷
书　　号 ISBN 978-7-311-04595-1
定　　价 23.50元

（图书若有破损、缺页、掉页可随时与本社联系）

学海无涯乐作舟
——“故事里的文学经典”系列序言

北宋文坛领袖欧阳修曾说：

立身以求学为先，求学以读书为要。

欧阳修是一位政治家、思想家、改革家，也是一位教育家，他认为人生如果要有一番作为，就要努力求学读书。千余年过去，时至今日，立志向学，勤奋读书，教育强国，已经形成社会共识。然而读什么书，如何读书，依然是许多人困惑和思考的问题。

人们常说“开卷有益”，又说“好书不厌百回读”，所谓的好书、有益的书，应该指的是经典作家的经典作品。何谓经典？瑞士作家赫尔曼·黑塞在《获得教养的途径》中认为，经典作品是“我正在重读”，而不是“我正在读”的书。人文学科都有各自的经典作家和经典作品，诸如“哲学经典”、“史学经典”、“文学经典”等等。范仲淹曾经说过：“劝学之要，莫尚宗经。宗经则道大，道大则才大，才大则功大。”（《上时相议制举书》）儒家把《诗经》、《尚书》、《仪礼》、《乐经》、《周易》、《春秋》尊为“六经”，文人学士研修经典的目的是为了经世致用，“六经之旨不同，而其道同归于用”。“故深于《易》者长于变，深于《书》者长于治，深于《诗》者长于风，深于《春秋》者长于断，深于《礼》者长于制，深于《乐》者长于性。”（陈舜俞《说用》）范仲淹与其再传弟子陈舜俞都是从造就经邦济世的通才、大才的角度论述儒家经典的。但古人研读经典，由于身份不同、目的不同，取径也不尽相同。郭绍虞在《中国文学批评史》中指出：“古文家、道学家和政治家一样的宗经，但是古文家于经中求其文，道学家于经中求其道，而政治家则于经中求其用。”

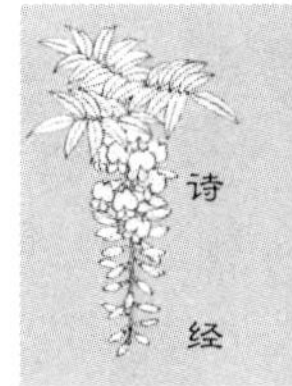

就文学经典而言，文学经典指的是具有深厚的人文意蕴和永恒的艺术价值，为一代又一代读者反复阅读、欣赏、接受和传承，能够体现民族审美风尚和美学精神，具有广阔的阐释空间和当代存在性，能不断与读者对话，并带来新的

发展，让读者在静观默想中充分体现主体价值的典范性权威性文学作品。“经也者，恒久之至道，不刊之鸿论。”（刘勰《文心雕龙·宗经》）

由于经典之作要经历时间和读者的检验，所以经典作家、经典作品经典化的过程会给我们一些有益的启示：读者和作家一起赋予了经典文学的经典含义。即就宋词而言，词体始于隋末唐初，发展于晚唐五代，极盛于两宋。但在宋代，词乃小道，不登大雅之堂，终宋一代，宋词从未取得与诗文同等的地位。欧阳修在《归田录》中曾记载：

> 钱思公（惟演）虽生长富贵，而少所嗜好。在西洛时，尝语僚属言：平生唯好读书，坐则读经史，卧则读小说，上厕则读小词。盖未尝顷刻释卷也。

虽然欧阳修之意在赞扬钱惟演好读书，但言及词则曰“小词”，且小词乃上厕所所读，则其地位可知。即就宋代词坛之大家如苏轼，在被贬黄州时，为避谤避祸，开始大量作词；辛弃疾于痛戒作诗之时从未中断写词的事实，也可略知其中信息。直至后世的读者研究者，越来越感知和发现了词体的独特的魅力——“词之为体，要眇宜修，能言诗之所不能言，而不能尽言诗之所能言。诗之境阔，词之言长”（王国维《人间词话》），才把词坛之苏辛，视如诗坛之李杜，赋予了宋词与唐诗相提并论的地位。

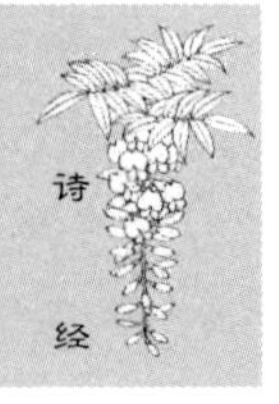

其他文体中如元杂剧之《西厢记》、章回小说之《水浒传》，也曾被封建卫道士视为“诲盗诲淫”之洪水猛兽而遭到禁毁，但名著本身的价值、读者的喜爱和历史的检验，奠定了它们经典之作的地位。

在一些经典作品经典化的过程中，读者甚至参与了经典作品的创作。李白的《静夜思》就是一个典型的个例。从文献学的角度看，宋代刊行的《李太白文集》、《李翰林集》中《静夜思》的原貌为：

床前看月光，疑是地上霜。
举头望山月，低头思故乡。

当代著名学者瞿蜕园、朱金城、安旗、詹瑛所撰编年校注、汇释集评本《李太白集》也全依宋本。但从明代开始，一些唐诗的编选者（读者）开始改变了《静夜思》的字句，形成了流行今日的李白的《静夜思》：

床前明月光，疑是地上霜。
举头望明月，低头思故乡。

所以，经过了历史长河的淘洗和历代无数读者检验而存留至今的中华文明宝库中的经典文学作品，是中华民族精神智慧的结晶。那么，在大力弘扬与传承优秀传统文化的今天，我们应该怎样学习阅读自《诗经》、《楚辞》以来的文学经典？古人的一些经典之作和经典性论述可以为我们借鉴。

横看成岭侧成峰，远近高低各不同。
不识庐山真面目，只缘身在此山中。

这是苏轼在元丰七年四月，自九江往游庐山，在山中游赏十余日之后所写的《题西林壁》诗。一生好为名山游的苏轼，在畅游庐山的过程中，庐山奇秀幽美的胜景，让诗人应接不暇。苏轼于游赏中惊叹、错愕，领略了前所未有的超出想象的陌生的美感。初入庐山，庐山突兀高傲，“青山若无素，偃蹇不相亲。要识庐山面，他年是故人。”移步换景，处处仙境，诗人喜出望外，“自昔忆清赏，初将杳霭间。如今不是梦，真个在庐山！”庐山幽胜美不胜收，于是诗人在《题西林壁》这首由游山而感悟人生的诗作中，寄寓了发人深思的理趣。苏轼之后，人们从不同的角度解读诗作给予人们的启悟。王国维《人间词话》中说：

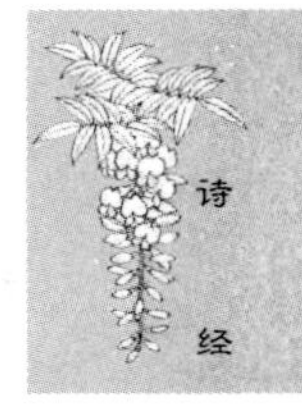

诗人对于宇宙人生，须入乎其内，又须出乎其外。入乎其内，故能写之；出乎其外，故能观之。入乎其内，故有生气；出乎其外，故有高致。

而苏轼的《题西林壁》正是诗人对于人生对于庐山既入乎其内，又出乎其外的带有特有的东坡印记的智慧之作。古往今来，向往庐山，畅游庐山的游人难以数计，而神奇的庐山给予游人的感触各有不同，何以如此呢？因为万千游客，虽同游庐山，但经历不同，观赏角度有别，学识高下不一，游赏目的异趣，他们都领略的是各自心目中的庐山，诚所谓“横看成岭侧成峰，远近高低各不同”。也正如钱钟书《谈艺录》中所说："盖任何景物，横侧看皆五光十色；任何情怀，反复说皆千头万绪。非笔墨所易详尽。"所以，换个角度看世界，世界会更加丰富多彩；换个角度看人生，现实人生就会更具魅力；换个角度读经典，你会拥有你自己的经典，经典会更加经典。

千江有水千江月，千江水月各不同。古今中外的许多经典作家正是以独特的眼光观察大千世界，以独到的思维角度思考人生，以生花妙笔写人叙事，绘景抒情，继往开来，推陈出新，创造出一部部永恒的经典。"不畏浮云遮望眼，只缘身在最高层。"经典之所以为经典，其要因之一就是经典作家能够站在时代的制高点上，眼光独到，视点独特，思想深邃，能发前人之所未发。即以被称为"拗相公"的王安石为例，作为勇于改革的政治家，思想深刻的思想家，他的诗、文、词创作都具有鲜明的个性特色。四川大学中文系古典文学教研室选注的《宋文选·前言》中说：

> 王安石的文章大都是表现他的思想见解，为变法的政治斗争服务的，思想进步故识见高超，态度坚决故议论决断。其总的特色是在曲折畅达中气雄词峻。议论文字，无论长篇短说，都结构谨严，析理透辟，概括性强，准确处斩钉截铁，不可移易。

这一段话是评价王安石散文风格的，用来概括他的诗词特色也颇为恰切。王安石由于个性独特，识见高超，所以喜欢做翻案文章。他的这一类作品不是为翻案而翻案，而是确有独到深刻的见解，其《读史》、《商鞅》、《贾生》、《乌江亭》、《明妃曲》均是如此。即以其《贾生》而言，司马迁《史记》有《屈原贾生列传》，对贾谊的同情叹惋之意已在其中。李商隐因自己人生失意，对贾谊抑郁失意更为关注，其《贾生》诗曰：

宣室求贤访逐臣，贾生才调更无伦。
可怜夜半虚前席，不问苍生问鬼神。

这首咏史诗在切入点的选取上颇为独到，在对贾谊遭际的咏叹抒写之中，蕴含着深沉的政治感慨和人生伤叹，而这种感慨自伤情怀颇能引起后世怀才不遇之士的情感共鸣，给予了高度评价。但王安石评价历史人物的着眼点则跳出了个人人生君臣遇合的得失，立足于是否有用于世有助于时的角度，表达了独特的“遇与不遇”的人生价值观。遇与不遇，不在于官场职位的高低，而在于胸怀谋略是否得以实行，是否于国于民有益：

一时谋议略施行，谁道君王薄贾生。
爵位自高言尽废，古来何啻万公卿。

以人况己，以古喻今，振聋发聩，这样的诗作才当得上“绝大议论，得未曾有”的美誉。无论是回首历史，还是关注现实，抑或是感受人生，往往因作者的视角不同，立场观念有别，而感发不一，所写诗文，各呈异彩。

但是我们在阅读体验中还发现了一些很有趣的现象：读者有时所欣赏的并不是作者的得意之作，而有时候作者所自珍的，读者却有微词。欧阳修《六一诗话》有这样一段文字：

晏元献公文章擅天下，尤善为诗，而多称引后进，一时名士往往出其门。圣俞平生所作诗多矣，然公独爱其两联，云“寒鱼犹著底，白鹭已飞前”，又“絮暖鮆鱼繁，露添莼菜紫”。余尝于圣俞家见公自书手简，再三称赏此二联。余疑而问之，圣俞曰：“此非我之极致，岂公偶自得意于其间乎？”乃知自古文士不独知己难得，而知人亦难也。

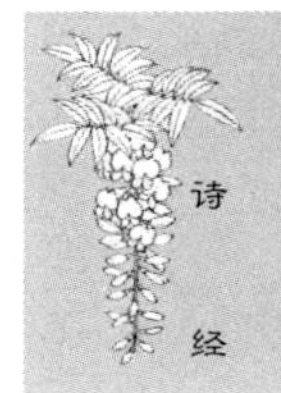

欧阳修这种阅读体验不止一端，刘攽《中山诗话》记载：永叔云：“知圣俞者莫如某，然圣俞平生所自负者，皆某所不好。圣俞所卑下者，皆某所称赏。”于是也感慨知心赏音之难。

正因为知心赏音之难，所以古人强调阅读欣赏应该知人论世。于是了解探究历史，就有“纪事本末”类的系列著述。阅读欣赏诗词，即有《本事诗》、《本事词》、《词林纪事》、《唐诗纪事》、《宋诗纪事》、《明诗纪事》、《清诗纪事》等著作；阅读唐宋散文，也有《全唐文纪事》、《宋文纪事》之类的著述。对于读者而言，这些著述有助于我们由事知史，由事知人，进而由事知诗，由事知词，由事知文；或者说有助于我们加深对相关诗、词、文的深入了解。正是从这个视点出发，出于弘扬传统文化，建设社会主义精神文明的责任感与使命感，兰州大学出版社策划出版“故事里的文学经典”、“故事里的史学经典”、“故事里的哲学经典”（统称为

“换个角度读经典”)系列丛书，同样出于历史使命感，我们愉快地接受了“故事里的文学经典”系列的撰写工作，首批包括《故事里的文学经典之唐五代词》、《故事里的文学经典之唐文》、《故事里的文学经典之宋文》、《故事里的文学经典之北宋诗》、《故事里的文学经典之南宋诗》、《故事里的文学经典之元曲》、《故事里的文学经典之唐诗》、《故事里的文学经典之宋词》。

当凝聚着丛书的策划者和撰著者共同心血的著述即将付梓之际，我们为和兰州大学出版社这次愉快的合作感到由衷的高兴，因为共同的弘扬优秀传统文化的目标，出好书就成为我们共同的意愿，所以撰写以至出版的一些具体问题，就很容易通过沟通达成一致。参与丛书撰写的同仁均长期从事中国古典文学的教学科研工作，怎样让经典文学作品走出大学的讲堂，走向社会，走向千家万户，是我们长期思考的问题；而由学者在一定研究基础上撰写的，面向更为广大的读者群的融学术性的严谨和能给予读者阅读的知识性、愉悦性则是出版社策划者的初衷。合作的愉快也为我们下一步自汉魏至明清诗、词、文部分的写作奠定了良好的基础。

由“本事”或者说由“故事”入手诠解阅读文学经典是我们的共识。

那些与诗、词、文密切相关的“本事”，在古典文学名篇佳作的赏鉴研读中，主要是指与相关作品的创作、传播以及作家的生平遭际有关的“故事”，抑或是趣事逸闻，其本身就是最通俗、最形象吸引读者的“文学评论”，许多流誉后世的名篇佳作，几乎都伴随有引人入胜的“故事”或传说。这些故事或发生于作家写作之前，是为触发其写作的契机，所谓“感于哀乐，缘事而发”；或是出于一种自觉的责任感使命感，“文章合为时而著，歌诗合为事而作”。而有些诗文本身就在讲故事，史传文学本身就与后世小说特别是传奇小说有千丝万缕的联系，所以唐宋散文中的一些纪传体散文名篇诸如《张中丞传后叙》、《段太尉逸事状》、《杨烈妇传》、《唐河店妪传》、《姚平仲小传》等颇具小说笔法。即如范仲淹之《岳阳楼记》，王庭震《古文集成》中也记述说：

> 《后山诗话》云：“文正为《岳阳楼记》，用对语说时景，世以为奇。尹师鲁读之，曰：‘传奇’体耳！”《传奇》，唐裴铏所著小说也。

有些诗歌也是感人的叙事诗，在很多读者那里了解的苏小妹的故事，只是民间的传说，得之于话本小说《苏小妹三难新郎》、近年新编的影视作品《鹊桥仙》等。人们出于良好的心理愿望，去观看欣赏苏小妹和秦观的所谓爱情佳话，让聪明贤惠的苏小妹和苏轼最得意的门生秦观在虚构的小说、戏曲、影视作品中成就美好姻缘，而不去考虑受虐病逝于皇祐四年(1052)的苏洵最小的女儿、苏轼的姐姐八娘，和出生在皇祐元年(1049)的秦观结为秦晋之好是根本不可能的！而苏洵的《自尤》诗即以泣血之情记述了爱女所嫁非人，被虐致死的锥心之痛。但长期以来，由于资料的散佚，一些研究苏轼的专家对此亦语焉不详，台湾学者李一冰所著《苏东坡新传》即曰：

苏洵痛失爱女，怨愤不平，作《自尤》诗以哀其女(今已不传)。

我们依据曾枣庄先生《嘉祐集笺注》收录了《自尤》诗并叙，并未多加诠释，因为诗作本身就为我们含悲带愤地讲述了一个凄惨的八娘的短暂的一生的悲剧故事。苏小妹不是一个传说！

当然，也有一些故事发生在诗作传播之后，如《舆地广记》和《艇斋诗话》都记载，苏轼"为报先生春睡美，道人轻打五更钟"传到京城，章惇认为东坡生活快活安稳，于是又把诗人贬到海南。但是不论诗人是直书其事，还是借史言事，是因事论事，还是即事兴感，与诗作相关与诗人遭际相关的故事，都有助于我们对经典诗文在知人论世的基础上去读解诠释。

在"换个角度读经典"系列丛书之"故事里的文学经典"(第一批)将要出版发行之际，我们对兰州大学出版社的张仁先生、张映春女士为之付出的大量心血和兢兢业业一丝不苟的敬业精神表示由衷的感佩；对兰州大学文学院党政领导班子，特别是张炳成同志对于丛书的写作出版自始至终的关注支持深表感谢。同时，由于切入角度不同，对于相关诗、词、曲、文名篇的诠解也仅是我们的一得之见，所以我们热望广大读者多提宝贵意见，书山有路勤为径，学海无涯乐作舟，愿读者诸君和我们一起愉快阅读经典的同时，换个角度，读出我们各自心目当中的经典。

庆振轩

二〇一三年八月于兰州

目　录

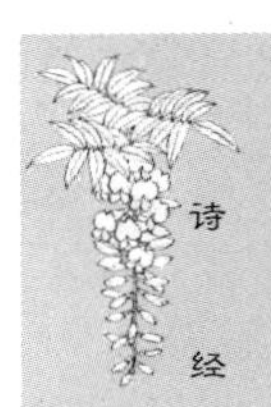

一战功成，江山定鼎

西周肇始，百废待兴

周公摄政，不失其圣

外征戎狄，匡扶海内

后稷之业，以农立国

思曰无邪，无关美刺

偶遇相约，幽会缠绵

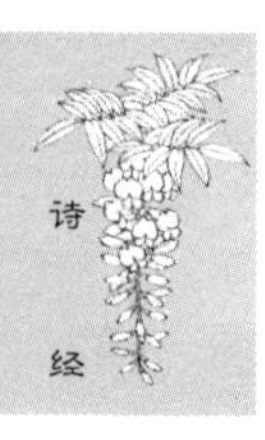
诗
经

琴瑟和鸣，婚姻万象

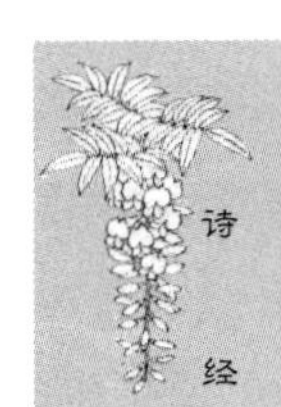

追思始祖，神圣诞生

无论对于商朝人还是周朝人，祖先都不仅仅是逝去的人物。明确的祖先世袭意味着明晰的血脉传承秩序。在家天下的政治体系下，家国的权利交接以血脉为准线得以制度化，基本的政治秩序方由此成型、建立。因此，追思与祭祀祖先并不是单纯的情感行为，乃是国之大事。祭祖仪式的复杂烦冗并非是权力和财富的炫耀，而是权力的确证。王位的神圣性，必然要求相应的神圣血脉。更何况，商周人真诚地相信这世界存在着鬼神，上帝永恒，万物有灵，祖先神圣，这始终是商周人的基本价值观。

于是，在现实的政治需要和神性世界观的笼罩下，商人和周人都为自己的祖先编排了匪夷所思的诞生过程。

灵异诞生，玄鸟之子

——《商颂·玄鸟》

周以克商为己任，但这并不意味着商朝或商民族有多么不堪。相反，商民族的发展历程波澜壮阔，英雄贤主辈出，文化光辉灿烂，是我国历史上伟大民族之一。

商民族据说是帝喾儿子契的后裔。契是尧的异母弟弟，后来帮助大禹治水有功，受封于商丘，担任火正，就是观察和祭祀火星的官员。其后，商民族一直在夏朝中担任火正，是夏朝诸侯国之一。

契的出生极具传奇色彩。他母亲简狄是有娀氏公主，简狄和妹妹建疵都住在九重瑶台上，每当进餐时就有乐师敲鼓作乐相伴。有一天，帝喾派一只燕子去探望她们，燕子飞到她们面前，翩翩回旋，啾啾地鸣叫，简狄姐妹高兴地争着去捕捉这只飞鸣的燕子，好一会儿，燕子终于被她们用玉筐盖住了。过会儿打开玉筐看时，燕子猛然飞逃出来，头也不回地飞向北方，玉筐里只留下了两颗鸟蛋。之后，简狄吃了其中一颗蛋就怀孕了，进而生下了契。还有传说简狄洗澡时忽然发现有只燕子下了蛋，吃了鸟蛋之后便怀孕生下了契。有关吞鸟卵生子的传说长期流传于世，如《论衡·吉验》中就记载：北夷橐离国国王的侍婢忽然怀孕了。国王以为她品行不正，要杀她。侍婢对国王说不是自己犯了错，而是有像鸡蛋那么大的一团气，从天上落到她怀里，于是她就怀孕了。《清太祖武皇帝实录》中也记载：长白山上有一只神鹊衔来一枚朱果，放在佛古伦的衣服上。佛古伦吃了这枚果子，立即就感应到自己怀孕了。

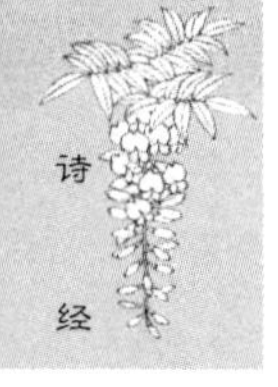

妇好墓出土玉凤

《商颂·玄鸟》也以类似的传说开篇：

天命玄鸟，降而生商，宅殷土芒芒。

古帝命武汤，正域彼四方。方命厥后，奄有九有。商之先后，受命不殆，在武丁孙子。武丁孙子，武王靡不胜。龙旂(qí)十乘，大糦(xī)是承。邦畿千里，维民所止，肇域彼四海。四海来假，来假祁祁。景员维河。殷受命咸宜，百禄是何？

《毛诗序》说这首诗是祭祀殷高宗武丁的颂歌。全诗不分章，按诗意可分为两层。第一层追叙商朝的祖先契和开国君主汤的功绩：天帝命令神燕飞来，降下鸟卵生契建商。开拓殷地真宽广。天帝命成汤征伐天下安定四边。成汤昭告天下，九州的土地都属于商。

第二层则描绘武丁执政时商朝的强盛。称赞武丁最贤明，完美地承担了成汤遗业。他单单龙旗大车就有十辆，四方进贡的粮食常载满仓库。在他统治之下，百姓处处平安喜乐，国土辽阔远达千里，临至四海。各方的小国争相来朝拜，车水马龙都想早日见到武丁。

本诗的艺术水平也很高。诗中熟练使用对比、顶针、叠字等修辞手法：以商汤时代虚指的“宅殷土芒芒”，来对比武丁时期可观、可量的“邦畿千里”；以商汤开始征伐时的“正域彼四方”对比武丁的“肇域彼四海”；诗意随国家发展而递进，宛尽其妙。诗中的“武丁孙子”顶针重复一遍，造成前后两层诗意的重心由歌颂商汤转折为歌颂“武丁”身上，又表明了武丁继承了伟大的商汤的传统，承上启下，结构上极其整饬。在“四海来假，来假祁祁”中，并用顶针与叠字，反复描绘四方朝贡觐见之众多，可谓曲终奏雅、画龙点睛。综观全诗，前后两层诗意过渡自然，脉络清晰，结构谨严。

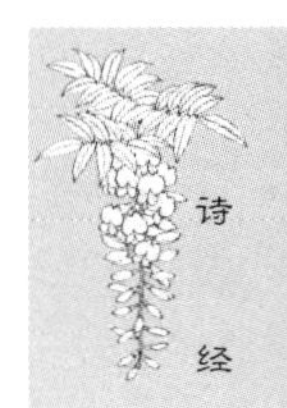

武丁是商朝的中兴之主。相传他少年时期遵父命在外与平民一同劳作，因此得以了解民众的疾苦和艰辛。继位后，武丁一心想复兴殷朝，但苦于总也没有找到称职的辅佑大臣。于是武丁闭口三年不说话，更不发表政见，政事都交给冢宰决定，他自己则审慎地观察国家的风气，思考治国的方略。

妇好墓出土玉人

一天夜里，他梦见得到一位圣

人，名叫说。天亮之后，武丁按照梦中见到的形象观察群臣百官，没有一个像是那位圣人。于是就派百官到民间去四处寻找。终于在傅险这个地方找到了说。当时，说正在傅险修路，服刑役。官员把说带给武丁看，正是武丁梦中的圣人。武丁和说一席长谈，发现说果真是位贤圣之人，就任命他担任宰相。因为在傅险这个地方找到了说，就他叫傅说。

不但有贤臣辅佐，武丁更谨慎自修。汉代大儒郑玄曾评价说：高宗，是中宗玄孙的孙子。他有雊雉的异象相助，为人谨慎，勤修德行，殷道方才因他而复兴。郑玄所讲到的“雊雉的异象”，据《史记·殷本纪》记载，某一天武丁祭祀成汤，第二天，有一只野鸡飞来，停留在盛着祭品的大鼎的鼎耳上，不停地鸣叫。武丁害怕了。武丁的儿子祖己劝说道：“大王不必担忧有什么祸事，您只要修养政事就可以。”武丁纳谏如流，殷国从此大治。

当然，武丁最大的功绩是极大地开拓了商朝的版图。当时，朔方、土方、大彭、鬼方等北方少数民族经常侵略商朝。武丁采取各个击破的策略，亲自统兵出征，逐步征服朔方、土方；又用数年时间平定鬼方；更发重兵击败西方的羌方，俘获大批羌人充为奴隶。不但如此，他还统兵南征，深入荆楚之地，击败荆楚军。此外，夷方、巴方、蜀及虎方等都被武丁一一打败。后人做《商颂·殷武》歌颂武丁开疆拓土的丰功伟绩。

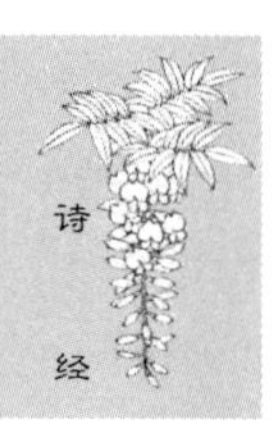

这首诗共六章，各章句式参差错落，第一、四、五章每章六句，二、六章每章七句，三章则只有五句。总起来说，前五章追写武丁中兴的功业，末章写祭祀他的寝庙落成的情景，但每章各有侧重，绝不相冲。

挞彼殷武，奋伐荆楚。深入其阻，裒(póu)荆之旅。有截其所，汤孙之绪。

第一章描绘武丁伐楚的功绩。“挞彼殷武，奋伐荆楚”，描绘了武丁对楚用兵的勇猛神速，但武丁进军并非一帆风顺，而是突破了重重险阻才取得胜利，商军“深入其阻，裒荆之旅”。不过武丁之所以能“有截其所”，征服荆楚之地，正是因为他是“汤孙之绪”，武丁是成汤的后世子孙，有所作为理所应当。征服荆楚之后，武丁训诫荆楚之民说：

维女荆楚，居国南乡。昔有成汤，自彼氐羌，莫敢不来享，莫敢不来王。曰商是常。

第二章这七句刚柔并举，句式步步紧逼，“维女（汝）荆楚，居国南乡”训斥荆楚地处偏僻，远离王化，本应俯首听命。后五句追叙商朝开国君主汤征服氐、羌的先例，强大的氐、羌都臣服商朝，何况是你们荆楚。

天命多辟，设都于禹之绩。岁事来辟，勿予祸适，稼穑匪解。

第三章只有五句，或许有轶文。武丁开疆拓土，秉承“天命”统治诸侯，建都于大禹治水之地。诸侯们来到国都觐见他。武丁告诫他们要勤治农事，这样才能不受责备，不受鄙夷。

天命降监，下民有严。不僭（jiàn）不滥，不敢怠遑。命于下国，封建厥福。

第四章，进一步申述武丁是受“天命”的中兴之主，人民百姓只能安分守己，武丁不越级赏赐也不滥施惩罚，人民也就不敢懈怠。武丁的命令传达到附庸国，能迎来武丁之命是附庸国的福分。

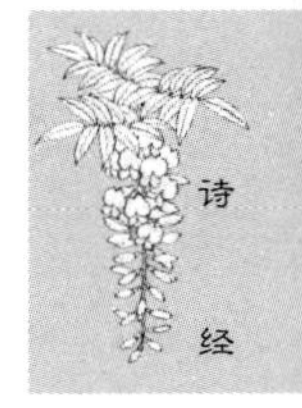

商邑翼翼，四方之极。赫赫厥声，濯濯（zhuó）厥灵。寿考且宁，以保我后生。

第五章，写商朝的国都亳的景色，只见亳都“翼翼”，无比广大，四方都没有比亳更富丽堂皇的城市了。武丁在位长达五十九年，这在平均寿命并不长久的先秦来说，真如神灵一般。因此诗中赞叹他威名赫赫，形象光辉鲜明，既享长寿又康宁，恰如其分。

陟彼景山，松伯丸丸。是断是迁，方斫（zhuó）是虔。松桷（jué）有梴（chān），旅楹（yíng）有闲，寝成孔安。

武丁去世后，商人为了祭祀他，纪念他，建造了高大的寝庙。《殷武》末章就写这一事件。戎役们登上景山山巅，这里松树柏树挺拔参天，将这些参天大树砍断运下山，削枝、刨皮，将松木制成方椽，将柏木制成粗壮的楹柱。这些木料一一整治好，很快就建好了武丁的寝庙。诗中的“松柏丸丸”既是写实际景物，又象征武丁的中兴业绩垂之不朽。

在武丁当政期间，商朝成为西起甘肃，东至今天日本、琉球、朝鲜，北到西伯利亚平原，南逾江、汉流域的泱泱大国，奠定了“天邑商”的伟大格局，史称“武丁中兴”。经过武丁的努力，商朝国力达到顶峰，百姓安居乐业，万国争相朝贡，真是一派盛世景象。追踪溯源，武丁取得如此伟大的成就，与继承了商汤所开创的传统和基业密不可分。

清人绘武丁像

多难后稷，周族始兴

——《大雅·生民》

比起夏和商，作为后起民族的周族传承并不长。极具神话色彩的周灵王太子姬晋，也就是后世传说的仙人王子乔，曾说："自后稷之始基靖民，十五王而文（指周文王）始平之，十八王而康王克安之。"（《国语·周语下》）这是说周族从始祖后稷始兴到文王平天下，期间一共有十五位领袖。

细细算来，这十五位领袖平均每人在位近六七十年，这在人均寿命颇短的古代，是不可思议的。周克商之后的各位君主，除了文王在位五十年，享寿长达九十七年之外，再也没有一位国王在位超过半百之数。

这说明，周代君主们在塑造自己祖先的形象时，将他们神话化了，至少是大大美化了。这在描绘后稷事迹以祭祀之的长诗《大雅·生民》中表现得尤为明显。《毛诗序》说这首诗是为了表达对祖先的尊敬。周人认为姜嫄生了后稷，后来文王和武王的功业都源于后稷，所以隆重地祭祀后稷。《生民》开篇带有浓重的神话成分，但随后详细描写了后稷对农业生产的贡献，应该是周人先祖的真实经历。

全诗共八章，每章十句或八句，十句章与八句章前后交替，形成了ABBA的结构方式，形式整饬，这或许是由于祭祀演出的需要。除首、尾和第三章外，各章都以"诞"字开头，反复歌咏后稷的开创性贡献。《生民》与《大雅》篇章相同，全用赋法，不用比兴，纪实性很强。让我们跟随《生民》的描写，逐章领略后稷的伟大人生。

周人的发源地名叫邰，邰的方位有两说。传统的说法以为在现在陕西岐山一带。另一说出自钱穆、邹衡，他们考察文字变迁和先周的考古文物，断定周人的发源地应该在山西南部。

厥初生民，时维姜嫄。生民如何？克禋（yīn）克祀，以弗无子。

履帝武敏歆(xīn),攸介攸止,载震载夙,载生载育,时维后稷。

周人的初始祖后稷,原本的名字叫做“弃”。我们只知道弃的母亲叫姜嫄。她的历史已经无从考证了。姜嫄怎么生了后稷呢?有一天,姜嫄外出于原野祷告神灵,祭祀天帝,祈求生一个儿子。仪式结束后,姜嫄在回途的路上看到有一个巨大的足印,她好奇地踩了上去。说也奇怪,这一踩,姜嫄肚子里好像动了一下,她就这样怀孕了。胎儿在母亲肚子里时动时静,怀胎十月一朝分娩,后稷降临人世间。

这章中“履帝武敏歆”一句纷争最多。《毛诗序》认为这句话反映了古代祭祀高禖的仪式,说后稷的母亲姜嫄原来是帝喾的皇后。当时,祭祀主掌生殖的神灵高禖是国家最重要的仪式之一。在春分这一天,玄鸟都飞来了,天子会亲自来到祭坛,奉上猪、牛、羊等祭品,皇后在仪式中要跟着丈夫的足迹亦步亦趋,共同祈求自子孙满堂。姜嫄就是在这样的仪式后,感应到神灵回应了自己的祈求,怀孕了。

但是汉代郑玄把“帝”解释成上帝,他说上帝经常会借着世人祭祀他的时候降临世间,在祭坛上留下自己的脚印。姜嫄祭祀上帝时看到上帝的脚印,那脚印大得单单大脚趾就比姜嫄的脚还大,她好奇地踩上去,就有感应怀孕了。

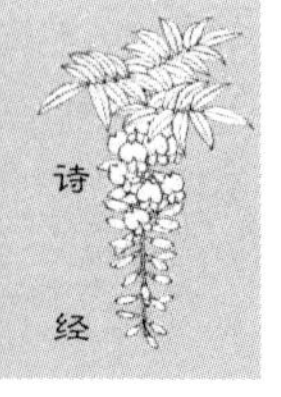

现代学者闻一多先生在《姜嫄履大人迹考》中提出,这则神话是避讳,是姜嫄耕作时与人在野外交合而怀孕了,后世的道学家们为了替姜嫄掩饰,就说是踩了脚印,周人为了给自己的祖先增添神话色彩,就将脚印归为上帝留下的了。其后,闻先生有了更进一步的解释。原来姜嫄作为王后,需要参加祭祀上帝、祈祷福祚绵延的仪式。仪式上,要用人来扮演上帝,叫做“神尸”。神尸在祭坛上跳舞,姜嫄就尾随在他身后,踩着他的脚步随之起舞。仪式结束后,两人成双成对,幽会交合,姜嫄就因此怀孕了。现在流行于江西、四川、贵州、安徽等地的傩戏中,还保留着大量神尸搬演的仪式。

诞弥厥月,先生如达。不拆不副,无菑(zāi)无害。以赫厥灵。上帝不宁,不康禋祀,居然生子。

在生育技术极度不发达的古代,妇女头胎生产最容易受伤,因生产而死亡屡见不鲜。但是这个婴儿降生时,姜嫄的产门不破不裂,就像羊生小羊一样顺利，母子都平安健康。这样神异的事情，姜嫄觉得肯定是上帝显灵保佑。后世记载文王神异，也强调他出生时“少溲于豕牢，而得文王不加疾焉”（《国语·晋语四》），也就是文王的母亲太任生产时，就好像上厕所小便一样顺畅，生完文王也没有得任何疾病。

诞寘(zhì)之隘巷，牛羊腓字之。诞寘之平林，会伐平林。诞寘之寒冰，鸟覆翼之。鸟乃去矣，后稷呱矣。

但正因为这个婴儿诞生如此顺利，异于常人，反而使得姜嫄心中害怕起来。她三次将他抛弃。第一次，婴儿被扔进小巷里，当时巷子里来往的牛羊很多，结果牛羊都绕开他；第二次，姜嫄把婴儿扔进了树林，结果碰巧有樵夫来砍柴，救出了他；最后，婴儿被扔在了寒冰上，结果天上飞来一只大鸟，用温暖的羽翼覆盖他，温暖他。鸟飞去了，历经磨难的婴儿终于洪亮有力地哭出了声。

大雅生民图

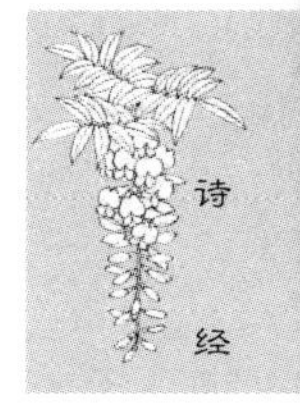

姜嫄的孩子被屡次抛弃而不死，由此得名“弃”。我们不禁要问，这位母亲姜嫄为什么会如此仇恨自己的孩子？历来众说纷纭，《鲁》诗、刘向的《列女传》和郑玄都认秉持“贱弃”说；马融提出遗腹说，认为弃是遗腹子，不祥；宋代苏洵提出难产说，朱熹提出易生说，王夫之提出避乱说，此外还有晚生说、怪胎说、不哭说、假死说、阴谋说等等，令人眼花缭乱。

近代以来，学者们引入民俗学眼光，提出轻男说、杀长说、宜弟说、触忌说、犯禁说等。其实，当我们翻检世界文学中的各类英雄传说就会发现，英雄幼时蒙难是世界文学的普遍母题之一。正如孟子所说：“故天将降大任于斯人也，必先苦其心志，劳其筋骨，饿其体肤，空乏其身，行拂乱其所为，所以动心忍性，曾益其所不能。"屡次被抛弃与获救，正是英雄之所以成为英雄的必备历练。

像弃这样降生就身具神异的婴儿，作为母亲的姜嫄怎么可能真要杀他？其实我们完全能够猜想到，当弃被置于小巷里、树林中和寒冰之上时，姜嫄必定是极端矛盾的，她一定会战战兢兢、如履薄冰地陪在孩子身旁，为他驱赶牛羊，为他召唤偶然前来的樵夫，为他驱逐鸟雀。对此前人早已别有会心，陈子展《诗经直解》引孙鑛解释"鸟乃去矣"时说："不说人收，却只说鸟去，固蕴藉有致。"鸟去是因为人的驱赶，蕴藉的是什么呢？当然是姜嫄对弃深深的母爱。

四羊方尊

实覃实吁，厥声载路。诞实匍匐，克岐克嶷(yí)，以就口食。蓺(yì)之荏菽，荏菽旆旆(pèi)。禾役穟穟(suì)，麻麦幪幪(méng)，瓜瓞(dié)唪唪(fěng)。

诞后稷之穑，有相之道。茀厥丰草，种之黄茂。实方实苞，实种实褎(xiù)。实发实秀，实坚实好。实颖实栗，即有邰家室。

诞降嘉种，维秬(jù)维秠(pī)，维穈维芑。恒之秬秠，是获是亩。恒之穈芑，是任是负。以归肇祀。

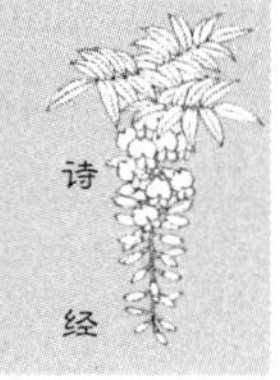

弃从小就有超乎常人的表现。他的嗓门很洪亮，当他刚学会爬的时候，就能够自己选择爬行的方向，这时候如果大人嚼东西喂他，弃已经能够主动咀嚼了。当弃两岁左右能自己吃饭的时候，就展现出了惊人的种植天赋与才能，尤其喜欢种植豆类和麻类作物。长大以后，弃依然很喜欢琢磨种庄稼的学问。他按时给庄稼浇水、除草、施肥，还能分辨出土质的好坏，并根据土壤的不同种植不同的作物。尤其重要的是，后稷钻研出初步的育种方法，他挑选谷粒长得好的禾苗进行培育，并把这些好禾苗的种子保存起来，留作来年的种子。弃对庄稼生长周期的观察也很细致，从发芽到出苗，从抽穗到结实，他都留心观察，仔细总结经验。这样，他总能种出健康的庄稼，年年都获得好收成。

尧听说了弃的事迹，就任命他为管理农业的官员。弃不负众望也毫不藏私，将自己如何种植的一整套办法向全国推广，果然全国都获得了大丰收。到了舜的时候，弃还帮助大禹治理洪水。洪水退后，大地一片疮痍，老百姓面临着大饥荒。舜就命令弃教百姓种植百谷。他顾不上休息，足迹踏遍天下，教导老百姓们种植谷、豆、高粱、大米、麻等。天下人因为有了弃的教导，很快就度过了饥荒。

弃立下了如此大功，舜就将他封到了邰地，封号就是后稷。“后”的意思是君王，稷则是一种著名的农作物名。周人以稷为始祖，以稷为谷神，周民族的命名也与农业密切相关，在甲骨文中，“周”字就写作“[illegible]”，意思是在田地里种满了密密麻麻的作物。正是因为由于后稷的努力，周民族才能定居下来，转变为以农耕为主要生产方式的民族。不过，后稷并不因为自己的努力而傲慢，而是更加敬畏自然，敬畏天帝，觉得庄稼长得如何，最终还是由天帝决定，于是他创制了祭祀天帝的制度。

> 诞我祀如何？或舂或揄，或簸或蹂。释之叟叟，烝之浮浮。载谋载惟。取萧祭脂，取羝(dī)以軷(bá)，载燔载烈，以兴嗣岁。
>
> 卬(áng)盛于豆，于豆于登。其香始升，上帝居歆。胡臭亶时。后稷肇祀。庶无罪悔，以迄于今。

《生民》最后两章就描写后稷所创制的祭祀仪式。祭品有舂谷、舀米、簸粮和筛糠。祭祀时先把米淘好，蒸熟。点燃过了牛油的香蒿，将肥美的公羊剥皮后整只烤熟。所有的祭品都摆放在木碗和瓦盆中，香气氤氲升腾。上帝在香气中显灵享受祭品，保佑周人无灾无罪。——不过，周民族其后的发展历程，却绝不顺利。

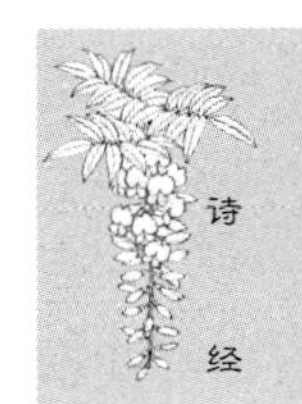

艰辛历尽，文明演进

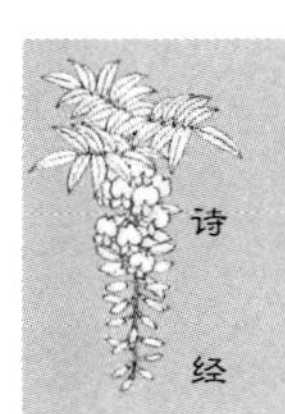

梁启超说：“现存先秦古籍，真赝杂糅，几乎无一书无问题；其真金美玉、字字可信者，《诗经》其首也。”《诗经》中某些诗篇可谓商民族和周民族的发展实录，展现了他们艰难坎坷的发展历程。这些诗篇时而以横阔千里的气势铺写民族演进之路，时而巨细无遗地白描器物之精美。赞之以中华民族早期文明演进的史诗，当非过誉。

比起《国风》，《雅》《颂》中的这些诗篇颇具历史实录价值。其篇章或许较为铺衍冗长，其文字或许并不温顺可亲，但当我们稍作努力跨越文字的荆棘丛，一幅磅礴的周代早期历史将向我们徐徐展开。

与民同富，草创国家

——《大雅·公刘》

后稷去世之后，周族首领世袭了后稷的称号，担任夏朝的农业长官。到了夏王太康时，太康不问国事，每日打猎游乐，国家动荡，连国都也被后羿率领的东夷族攻占，几近亡国。周族在山西南部的封地也经常遭到少数民族的入侵。于是在族长带领下，周族沿着黄河、渭河逆流而上，迁徙到现在陕西中部的武功，并把这块地方改名称为邰。少康时候，夏朝中兴，正式把周族新的居住地分封给了周族。

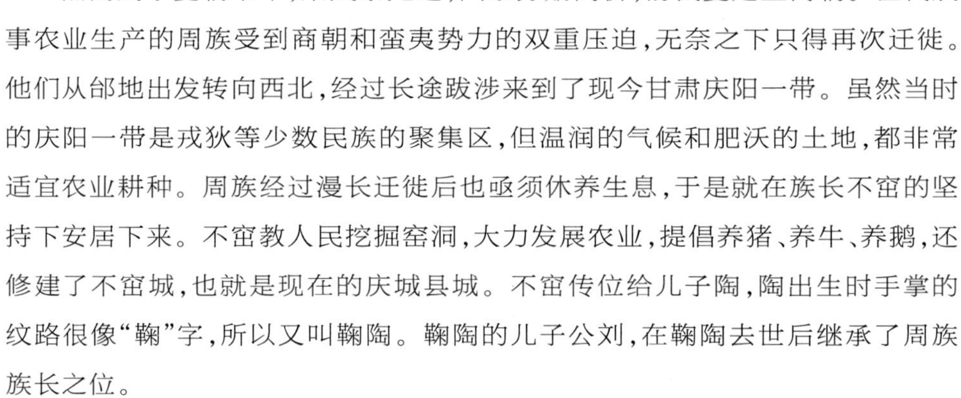

然而到了夏朝末年，桀残暴无道，国家分崩离析，汤伐夏建立商朝。世代从事农业生产的周族受到商朝和蛮夷势力的双重压迫，无奈之下只得再次迁徙。他们从邰地出发转向西北，经过长途跋涉来到了现今甘肃庆阳一带。虽然当时的庆阳一带是戎狄等少数民族的聚集区，但温润的气候和肥沃的土地，都非常适宜农业耕种。周族经过漫长迁徙后也亟须休养生息，于是就在族长不窋的坚持下安居下来。不窋教人民挖掘窑洞，大力发展农业，提倡养猪、养牛、养鹅，还修建了不窋城，也就是现在的庆城县城。不窋传位给儿子陶，陶出生时手掌的纹路很像“鞠”字，所以又叫鞠陶。鞠陶的儿子公刘，在鞠陶去世后继承了周族族长之位。

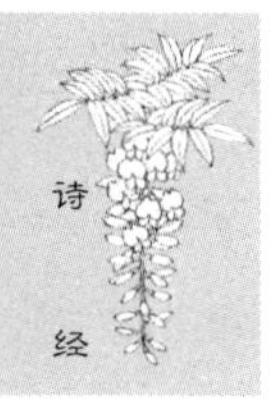

公刘，陆德明《经典释文》引《尚书大传》解释说：“公，爵；刘，名也。”从公刘开始，周族抛弃了落后的氏族部落制度，开始建立国家，“公”正是早期周国君主的称号。公刘建国后首先发展农业，他“复修后稷之业，务耕种，行地宜”，为了更好地发展农业生产，公刘率领国人再次主动迁徙，到了环境更加适宜的豳（bīn）地，从此奠定了周族昌盛的基础。《大雅·公刘》这首诗就记载了公刘迁居豳，草创基业，开创周国的史实。

全诗共六章，每章十句，每章都以“笃公刘”发端。“笃”就是忠厚高尚，传说成王执政前就被告诫要以公刘为榜样。朱熹《诗集传》说：“旧说召康公以成王将莅政，当戒以民事，故咏公刘之事以告之曰：‘厚者，公刘之于民也！’”孟子也曾举公刘的例子来劝诫齐宣王，说：“公刘好货。”意思是公刘很会聚敛和管理财富，因此如果国君能和全国百姓都像公刘一样，共同积聚、管理财富，又有什么不可以呢？

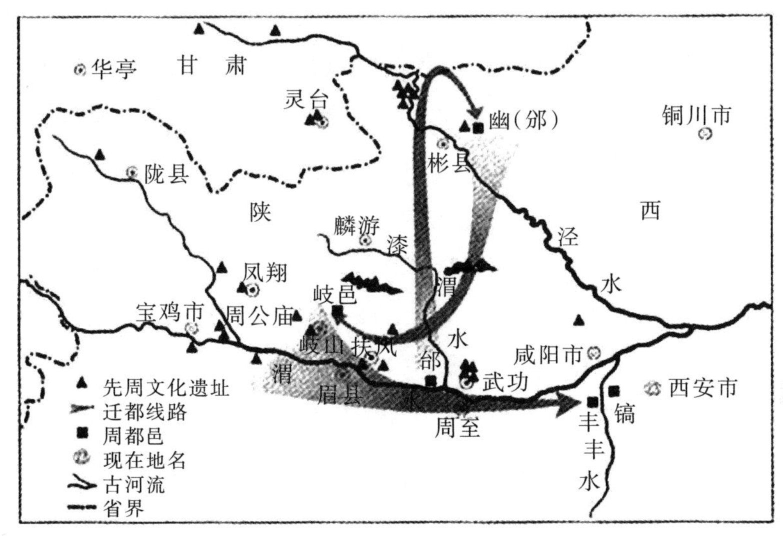

公刘迁徙路线图

《公刘》首章描绘公刘带领国人准备迁徙前的准备工作。诗中歌咏道：

笃公刘，匪居匪康。乃埸乃疆，乃积乃仓；乃裹糇粮，于橐(tuó)于囊。思辑用光，弓矢斯张；干戈戚扬，爰方启行。

公刘继任族长后不敢安息，一心图谋发展，准备迁徙。他整治好原来各家田地的边界，把路上用的粮食都用大大小小的粮袋装好，多余的粮食都储存进仓库。为了确保路上安全，大家都张开弓箭，把盾牌、戈、斧子都举起来，充满期待地跟在公刘后面一起走。

公刘这次迁徙，并非是受了压迫被动逃跑，因此并没有把所有的族人都迁走，还有部分族人留在了原地继续生活。“乃埸乃疆，乃积乃仓”正是为了留下的人继续生活，“乃裹糇粮，于橐于囊”则为开创新生活打下了基础。我们可以猜测，迁徙和建国是一体两面的事情，迁徙是为了建国，因为要重建新制度，所以必须迁徙。

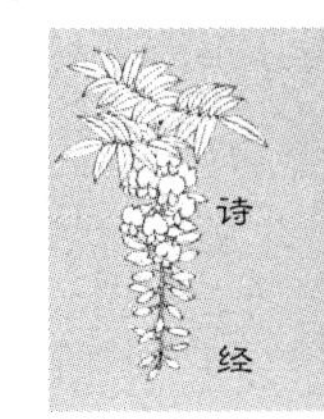

笃公刘，于胥斯原。既庶既繁，既顺乃宣，而无永叹。陟(zhì)则在巘(yǎn)，复降在原。何以舟之。维玉及瑶，鞞(bǐng)琫(běng)容刀。

新国家的开创首先要有合适的地理环境，对于擅长农业生产的周族来说，肥美的平原最为合适。《公刘》第二章记载了公刘考察草木丰茂的平原的场景。他系着镶有美玉和宝石的腰带，佩着刀鞘上装饰了玉石的宝刀，登上小山瞭望，又走到平原中，各处都走遍了，边走边仔细巡视，巨细无遗地观察地势和水源，确认国人在此定居没有什么遗憾，公刘才放下心来。

笃公刘，逝彼百泉。瞻彼溥(pǔ)原，乃陟南冈。乃觏(gòu)于京，京师之野。于时处处，于时庐旅，于时言言，于时语语。

确定了新的领地还不够，还需要找到适宜建筑京城的地方，这样才能尽快建国。公刘在新领地上不断寻找，终于找到一块福地，这里水源丰沛，既有上百汪奔腾的水泉，又有到广阔平坦的原野。重要的是，在原野的南边有一座高冈，公刘登上高冈，看到高冈背后有一大片绵延高地——这种地理环境易守难攻。于是公刘心中笃定，这就是建立国都的好地方。于是过了不久，国人们都来此定居。大家齐心合力，喜气洋洋地修建房舍和宫殿，工地上说笑声时时可闻，人们对未来幸福的生活充满憧憬和向往。

笃公刘，于京斯依。跄跄济济，俾筵(yán)俾几。既登乃依，乃造其曹。执豕于牢，酌之用匏。食之饮之，君之宗之。

一个国家的草创，有了领地，建成国都，还只是第一步，更重要的是创制政治制度，确立国家运行的基本规则。公刘在这一点上极具政治智慧，他草创礼乐制度，希望通过礼的约束和乐的感发，使国人长幼有序、各安其所，国家能够长治久安。礼乐制度也并不是经由冷冰冰的灌输和强制措施，而是往往通过举行符合仪式规定与礼节规范的宴会来实施，可谓寓教于乐。为此，公刘还专门修建了宴会用的厅堂。

《公刘》第四章就记载了公刘被推举为君主，大宴国人的史实。这一天，很多国人来参加宴会，厅堂里陈设了很多席位和几案。大家等到公刘到来后，举行“殷见之礼”。公刘就座后请大家按照席次就位，席次的高下依据职位和年龄来设立。宴会的主菜是猪肉，用对半剖开的葫芦做酒器。公刘主持这次宴会，宴请国人，国人则正式推举公刘登上君位——周国正式立国！

笃公刘，既溥既长。既景乃冈，相其阴阳，观其流泉。其军三单，度其隰(xí)原。彻田为粮，度其夕阳。豳居允荒。

笃公刘，于豳斯馆。涉渭为乱，取厉取锻，止基乃理。爰众爰有，夹其皇涧。溯其过涧。止旅乃密，芮鞫(jū)之即。

立国之后，公刘带领大家开始了大规模的建设。《公刘》一诗的第五章和第六章简明记载了公刘规划军队驻地、耕地、建设国都的场景——周国草创已初露峥嵘。公刘心胸阔达，所规划的国都格局广大。他在高冈上测量日影，确定方向，观察了高冈的阴面和阳面，又考察水源的流动。在高冈旁，公刘驻守了三支军队。他还测量低洼潮湿的地方与平整的土地，开垦出良田以扩大粮食生产。同时，公刘丈量了国都西面的土地，为将来国都的扩展留下了广阔的预备用地。考察完后，公刘正式将国都命名为“豳”，并开始了大规模的城市建设。他命人从渭水中游横渡过河，取得了大批石材和金属，打好了地基。此时，周国一片欣欣向荣，人口众多，财物积累丰厚，国都旁有皇涧和过涧，人民就在水边定居，生活很安定。

西周早期玉人

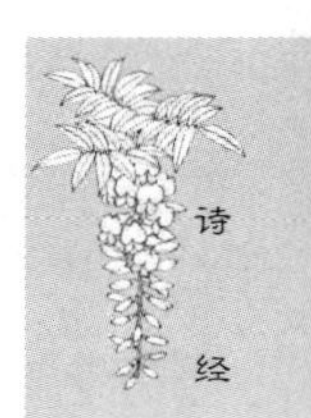

至此，《公刘》这首诗已经完整呈现给我们周初从迁徙到定国，再到创定制度，建设新家园的一系列历史画面。全诗并未描绘建设的成果，而是浓墨重彩地描写公刘与民众患难与共、齐心协力共建家园的过程。他们思想团结一致，行动相互协作，没有人因为困难而退缩。君民关系的和谐是后世王朝难以想象的。“于时处处，于时庐旅，于时言言，于时语语”，这一组排比句极为生动地描写了人们定居以后各抒己见、谈笑风生的场景。天时、地利、人和尽皆完备，邦和家兴已自不待言了。

全篇重点塑造了深谋远略、勇于开拓的公刘形象。公刘很有组织才能，精通领导艺术，事事谋定而后动，迁徙必待兵精粮足而后才启程；凡事又事必躬亲，不辞劳苦，勘察地形，登山涉水，规划建设，事无巨细，无不亲临第一线。这样一位几乎完美的领导者，当然得到国民衷心拥护。君民一心的公刘时代是周国开始振兴的时代，公刘所创建国家机构，奠定的国都布局，开创的军事体制，无不为日后周国打败商国、君临中原奠定了坚实的基础。

此后，周国贤君辈出，公刘开创的事业被一步步推向了顶峰。

公刘塑像

迁都岐下，定居周原

——《大雅·绵》

公刘之后，“公”成了历代周王的尊称。历经公非、公叔祖等九位君主后，周国在古公亶父的领导下更加壮大。“古”意思是“昔”，“亶父”是名字。公亶父是周文王的祖父，在他当政时，周国财富积聚丰厚，农业生产发达，人民富裕，领地繁荣，豳地成了众所周知的好地方。

古公亶父

西北戎狄部落眼红豳地的富裕，经常侵袭、掠夺周国。起初，戎狄们只是强行索要皮、帛、珠玉和粮食等财物，周人不愿多生事端，就给了他们。后来，戎狄得寸进尺，竟然要霸占豳地作为牧场，要把豳地的人民变为放牧牛羊的牧奴。周国群众非常气愤，要与戎狄决战。但是公亶父一向主张积德行义，努力避免流血牺牲。与戎狄开战即便能够胜利，周国也必然损失惨重。何况这时，周族东方屹立着庞大而强盛的商王朝，元气大伤的周国很容易引起商朝的觊觎。公亶父决定韬光养晦，保存实力，他对百姓说：“人民设立君主，是要对人民有利。戎狄攻打我们不过是要这块地方。人民在我的管理下和在他们管理下有什么区别么？你们要和戎狄打一仗，还不是为了我？一旦开战，你们中间有人的父亲或者儿子就要战死。为我战死，和我杀了他们有什么区别？这样的事我不忍心做。”于是公亶父就带着家人和少量仆从，悄悄离开豳地，渡过漆水、沮水南行，越过梁山来到了岐山南面的山脚下。这是一片广阔的平原，公亶父于是就定居下来。

豳地的人民听说公亶父走了，都说：“公亶父是好人啊！他仁爱百姓，从不虐待我们。跟着他我们能过上好日子，我们不能离开他！”于是一家一家都扶老携幼，追随公亶父的足迹来到了岐山下。岐山旁边其他国家和民族的人听说公

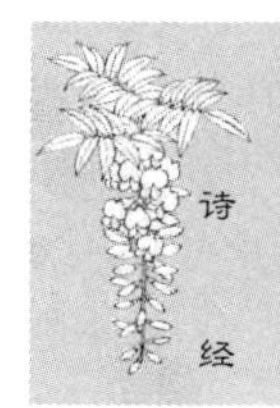

亶父道德高尚，也都纷纷归附。一年之间，岐山南麓聚集了三千户人家，三年过去，人口竟然增加了五倍。

此后，公亶父大力改革周国的原始习俗，建立了非常明确的政治制度，被周武王追尊为“太王”。从公亶父到周文王的四代人中，周国的实力极速壮大。《大雅·绵》就生动地记载了这一历史过程。

绵绵瓜瓞。民之初生，自土沮漆。古公亶父，陶复陶穴，未有家室。

古公亶父，来朝走马。率西水浒，至于岐下。爰及姜女，聿来胥宇。

前两章描写公亶父迁徙的经过。周族人口众多，子孙如同小瓜一样绵延不绝。公亶父带领周族从土水前往漆水。公亶父早晨就乘着奔驰的骏马出发，沿着西边的水流南下来到了岐山之下。公亶父的妻子——姜女也一起来了，他们一起考察建造宫室的地点。岐山南麓是一片广阔的平原，名叫周原，这里土地肥沃，适宜发展农业。岐山山脉又是天然的防御屏障，能够防备来自北方的戎狄。“爰及姜女”一句是画龙点睛的关键句。姜女是当地平原民族姜族的长女，与姜族联姻，意味着公亶父在此地站稳了脚跟，他作为周原占有者和统治者的地位被当地部落、方国所认可。

周原膴膴(wǔ)，堇荼如饴。爰始爰谋，爰契我龟，曰止曰时，筑室于兹。

乃慰乃止，乃左乃右，乃疆乃理，乃宣乃亩。自西徂东，周爰执事。

三、四两章记载了公亶父决策建都岐下和初步规划的过程。周原土地肥沃，即使苦菜都会长得像饴糖那样甜。于是，公亶父开始谋划，他用龟甲占卜，刻辞卜问道：在此定居，建筑居室吉利么？占卜的结果非常吉利，大家都安心下来。定居的第一件事就是恢复农业生产，这是周国人民的立身之本。公亶父带领大家修建田界，开挖田沟，划定土地归属，整治土田。从东到西，人人干劲都很大。

乃召司空，乃召司徒，俾立室家。其绳则直，缩版以载，作庙翼翼。

捄(jiù)之陾陾(réng)，度之薨薨，筑之登登，削屡冯冯。百堵皆兴，鼛(gāo)鼓弗胜。

恢复农业生产的同时，还要建立国都。第五章和第六章正是这一场景的具现。周族原来是住窑洞或者地穴中，还没有在地上建设房屋的能力、习惯和技术，直至公亶父，周国才开始大规模建筑房屋。他命令司空管理工程，命令司徒管理土地和劳役。诗歌详细记载了施工的过程：施工前先要画定直线，确保房屋周正，用拉直的绳子作为直线的标准，在绳子两头立上木柱作为墙壁的两端，在木柱中间竖起长木板，在木板中间填土筑成土墙。筑墙时要把土装到筐里运到夹板中间，将筑土夯实后把土墙上隆起的地方削平。他们首先建筑起整齐的宗庙和宽大的室家。上百处工地上同时开工，处处热火朝天，大家喊着号子努力干活，以至于助兴的大鼓的声音都听不清楚。

周原出土重环纹瓦当

这些事情看似仅仅是开展了各项工程，但在工程进行中，司徒、司马、司空等官职分工明确，各司其职，这意味着完整的国家机构已经形成。如果说公刘时代的周国还留有明显的原始氏族痕迹，此时的周国已经是完善的国家了。

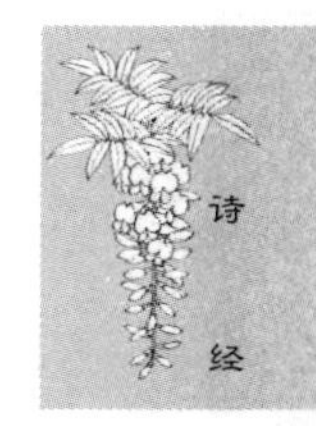

乃立皋门，皋门有伉(kàng)。乃立应门，应门将将。乃立冢土，戎丑攸行。

肆不殄厥愠，亦不陨厥问。柞(zuò)棫(yù)拔矣，行道兑矣。混夷駾(tuì)矣，维其喙矣。

建好宗庙和室家后，紧接着修建宫门、神灶和大道。宫室的外门——皋门，建得非常高大；应门，就是宫门的内门则修建得富丽堂皇。公亶父还命人修建了祭祀灶神的大祭台，并将小灌木统统拔掉，修建了供国人行走的大路。诗中的这段描写既是周人对自己建筑技术的夸耀，又显示了周人自强自立、不可侵犯的精神，更展示了周国的动员和组织能力。从此之后，丑陋的戎狄看到周国有如此高大堂皇的建筑，心理先自胆怯，再也不敢进攻周国了。虽然取得了以上成就，公亶父依然保持着清醒的头脑，他告诫大家不要忘记对戎狄的愤恨，也要和周围的国家保持友好，多和他们进行外交往来。

虞芮质厥成，文王蹶厥生。予曰有疏附；予曰有先后；予曰有奔奏；予曰有御侮。

从此，周国外无强敌，内无纷争，彻底稳定下来，为周国其后的发展奠定了坚实的基础。《大雅·绵》末章记叙文王调解虞、芮两国纷争，这正是对公亶父事业的继承和发展。

全诗以时间为脉叙述自迁徙至建都的全过程，随着地点的转移穿插描写周人开展建设的场景，情景结合，浑然丰满。自豳地到岐山，从出行、定居到治田、建都，再到文王调解虞芮，莫不洋溢着一个新生国家的欣欣气象。周人对生活的热爱、对和平的追求、对祖先的崇敬、对民族的自豪浸透了诗篇。千载之下，读之使人如临其境，如闻其声。

自公亶父而到文王，三代之间周国实力突飞猛进，不但成为周原地区最为强大的国家，更成长为和商朝齐肩并立的大国。

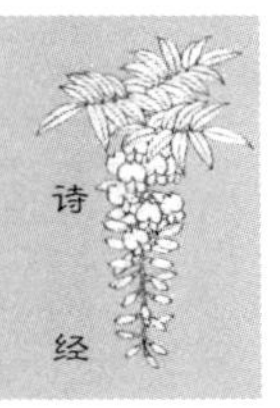

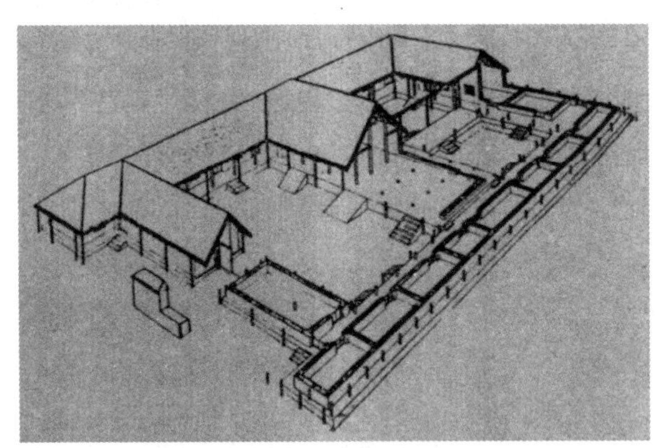

周原宫殿建筑复原图

称霸西方，准备伐商

——《大雅·皇矣》

公亶父和妻子太姜养育了三个儿子，长子叫太伯，次子叫仲雍，幼子叫季历。季历成家最早，娶了一位姓任的女子，称为“太任”。季历与太任的儿子取名为“昌”。

据说，太任孕育昌的时候特别重视胎教，不看邪曲的场景，不听淫逸无礼的声音，不讲傲慢自大的言语，从来不歪着身子睡觉，不斜着坐，更不跛着脚站。切割不正和气味不良的食物太任都不吃，不坐位置摆放不正的席子，晚上就让乐师为她朗诵诗歌。因此，昌生下来就非常聪明，能触类旁通，以一知十。传说昌出生的时候天降祥瑞，有一只红色的鸟嘴里衔了丹书飞入城中，停在昌的门前。只见丹书上写道：“敬胜怠者吉，怠胜敬者灭，义胜欲者从，欲胜义者凶。凡事不强则不枉，不敬则不正。枉者废灭，敬者万世。以仁得之，以仁守之，其量百世。以不仁得之，以仁守之，其量十世。以不仁得之，不仁守之，不及其世。”这是圣人出世的祥瑞之兆。尤其神奇的是昌有四个乳头，后世儒家或说这是因为他生性仁爱，或说这象征昌本性纯良，不一而足。

公亶父看到昌如此神异，就当着众人的面说道：“我们周族大概要在昌手里兴盛吧。”太伯和仲雍听出了父亲隐藏的意思，是要把王位传给弟弟季历，然后再传给孙子昌。传说，为了顺应父亲的心愿，保证国家不出现内乱，两人趁着父亲生病的时候，以采药的名义，出奔到了“荆蛮”之地。他们剪短头发，在身上文身，裸呈着身体不再穿着周人的服饰，以表示自己不再是中原人，自号“勾吴”，建立了后来的吴国。

古吴国青铜觥

然而这个传说并不符合史实。实际上，太

宜侯夨簋宜侯夨簋

伯和仲雍出奔的地方并非是南方的荆蛮，而是到了现在山西平陆以北，建立的也并非是吴国，而是虞国。现存关于太伯、仲雍在吴国的事迹多处于后人附会，不可信。历史上的吴国乃是虞国的分支，据《宜侯夨簋》记载，迟至周康王时，虞侯夨才被分封到了宜地，也就是吴国最早的国都，这是已有史料中对吴国最早的记载。

太伯和仲雍为什么要北上建立虞国呢？这与当时的商周关系以及周国对戎狄部落的战争形势紧密相关。虞国在今山西平陆以北，从此出发向北可以开拓戎狄地域，向东可以直击商朝京畿腹地，向南可以越过黄河进入洛水平原，战略位置极为重要。

而当时的周国要想发展，只有向东一条道路。周人以农业立国，西方多山地，北方多草原，南方多水泽，只有正东方的中原之地最适合周人的生存。况且当时商王朝也处于强力扩张期，对周国多有压迫，时有攻伐。伐商，东进，是从公刘时代就被埋藏在周人心底的一致意愿。可见，公亶父传位幼子季历，而长子太伯和次子仲雍率部分国人创建虞国，与周国互为掎角，互相帮助，乃是周国向东方开拓、与商朝斗争的一项重要战略决策。

然而，伐商是一个庞大而漫长的工程，“天命”不顺、道义不彰、实力不强、中原民心不附等等不利条件，都是伐商的拦路虎。从公亶父到季历再到文王，周国才基本完成伐商的各项准备。《大雅·皇矣》就是对这一漫长历史诗性而真实的记载。

全诗八章，章十二句，内容丰富，气势宏大。朱熹《诗集传》说：“此诗叙太王、太伯、王季之德，以及文王伐密伐崇之事也。”前二章写太王公亶父经营岐山打退戎狄的事迹，三、四章写王季也就是季历继承父业继续发展，后四章则描述文王征伐密消灭崇的武功，这些事件是周国发展史上的关键性历史节点，俨然一部早期周国的发展史。《皇矣》极力地赞美歌颂先祖的功业，字里行间洋溢着对国家和祖先深厚的爱。

诗歌的首章回忆公亶父得天眷顾迁岐立国，开辟新局面的艰辛历程。本章中占据绝对权力的是“上帝”，诗中宣称公亶父的所作所为都是遵从了上帝的旨意。其实，上帝或帝是殷商人的神，本来与周人无关。这里的“君权神授”只是为周人建国寻找合理性，更为以后伐商寻找正义性和舆论支持，是一种思想战和舆论战的策略。

皇矣上帝，临下有赫。监观四方，求民之莫。维此二国，其政不获。维彼四国，爰究爰度。上帝耆之，憎其式廓。乃眷西顾，此维与宅。

作之屏之，其菑其翳。修之平之，其灌其栵。启之辟之，其柽(chēng)其椐。

攘之剔之，其檿其柘。帝迁明德，串夷载路。天立厥配，受命既固。

第二章则具体描绘公亶父率领族人整治周原，在蛮荒之地创建国家的情景，极其生动形象地表现公亶父创业的艰辛和气魄的豪迈。他们砍伐山林清理杂树，去掉直立横卧枯木，将丛生的灌木修齐剪平，挖掉或者砍掉柽木和椐木，剔除到处杂生的山桑黄桑。公亶父更率军将来犯的犬戎打得落花流水，又遇到了他的真命天女——太姜。从此，周国彻底稳定下来。

公亶父之后，太伯和仲雍北上开拓，建立虞国，幼子季历则留在岐下继承王位。虞国与周国一北一南“作邦作对”，周人的实力开始飞跃性的发展。《皇矣》的第三章特别指出季历发挥兄弟同心的友爱精神，“因心则友，则友其兄”，和太伯通力合作，从而“载锡之光，受禄无丧，奄有四方”，扩展周人福祉。这一章写太伯是虚，写王季是实。但“夹写太伯，从王季一面写友爱，而太伯之德自见”(方玉润《诗经原始》)，王季与太伯互相映衬，作者的艺术用心值得玩味。

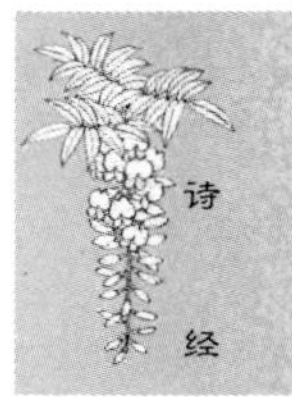

帝省其山，柞棫斯拔，松柏斯兑。帝作邦作对，自大伯王季。

维此王季，因心则友，则友其兄，则笃其庆。载锡之光，受禄无丧，奄有四方。

从季历开始，周公的君主开始称王，季历就是王季。他和中原的姓任的挚国通婚，进而和任姓、畴姓的一大批诸侯国结盟。挚国在现在的河南汝南市附近，地处商朝腹地，为周国向东开拓打开了一条通道。季历最大的功劳是征伐鬼方与犬戎，大大拓展了周国的领地。

鬼方大概位于现在的山西境内，是赤狄的一支，国力很强大，经常侵扰中原诸国。《周易·既济》记载："高宗伐鬼方，三年克之。""三"是虚数，一般指很多，商高宗武丁曾经花费多年的艰苦征战才制服鬼方，可见鬼方势力之大。

王季征伐鬼方应该是受了商王朝的指令，《古本竹书纪年》记载："（武乙）三十四年周王季历来朝，武乙赐地三十里，玉十珏，马八匹。"紧接着，"武乙三十五年周王季伐西落鬼戎，俘二十翟王"。王季觐见武乙后奉命伐鬼方，俘虏了二十个部落首领，王季也因此受到了商朝的嘉奖。《周易·未济》说："震用伐鬼方，三年有赏于大国。"大国是周国称呼商朝的特定词汇。然而商王命令王季征伐鬼方，未尝不是借鬼方之手打击周国，使鬼方和周国二虎相争相残的阴谋。然而，依靠王季出色的智慧，周人对鬼方的战争大获全胜。

不久，武乙在打猎时被暴雷击中而死，文丁即位。文丁二年，居住在现在山西静乐县附近的燕京之戎叛乱。季历一方面为了向文丁表明忠心，一方面为了检阅周国长途征战的能力，率兵征讨。但由于周国距离燕京之戎很远，长途跋涉，兵力疲惫。燕京之戎又有了防备，周军大败而回。虽然受挫，但王季并未停下征伐的脚步。文丁四年他打败余无之戎，被文丁封为商的"牧师"，即商朝西部的众诸侯之长。对商朝来说，封王季为"牧师"，是吸引其他方国敌视、嫉妒、孤立周国的一着妙棋，对周国来说，"牧师"虽然是一根带刺的骨头，却给了周国名正言顺拓展国土的机遇。

文丁七年，王季大败始呼之戎，十一年打败翳徒之戎。至此，山西诸戎的势力被王季打了个落花流水。在长期战争中，周国开拓了大片土地，俘获了众多人口，积累了大量财富，称霸西方。这时，王季的赫赫战功使商王感到了威胁。文丁的继任者帝乙加封王季为"伯侯"，号周公，引诱王季赴京师朝见拜谢。王季一到京师就被囚禁在"塞库"的监狱内。一代勇主，困辱至死。

《皇矣》第四章歌颂王季的德音，说他"克明克类，克长克君；王比大邦，克顺克比"，王季品德清明端正，能够明辨是非，身为国君又兼有师长风范，人民百姓都诚心佩服他，顺从他。

维此王季，帝度其心。貊其德音，其德克明。克明克类，克长克君。
王此大邦，克顺克比。比于文王，其德靡悔。既受帝祉，施于孙子。

王季去世的消息传到周国，举国悲痛。太子姬昌继承王位后先把父亲的遗体迎回周国，安葬在楚山脚下。不料，没过几天一股泉水突然涌出，冲坏了王季的坟墓，露出了棺材前头的木头。这本来是非常不吉利的事情，姬昌反而对大家说："先君一定是想最后一次见见群臣和百姓，所以使泉水冲开了坟墓。"于是他命令打开棺椁，将王季的遗体在朝廷上展露三天，让群臣百姓都来瞻仰，然后择地改葬。

姬昌即位后号称文王，为报杀父之仇，平息周国内部的激愤，他在帝乙二年仓促出兵攻打商朝，结果大败而回。这样，姬昌清醒地认识到周国与商朝在实力上相差巨大。于是，他延续后稷、公刘的事业，大力发展农业；遵循古公、公季的执政思路，忠厚仁慈，尊老爱幼，努力增加人口。同时，文王知道国家的决策和伐商的谋划无法靠自己一力完成，于是他广开门路，招贤纳士，多次因为接待贤人连午饭都忘记吃了。远在孤竹国的伯夷、叔齐听说他善尊敬有经验的老人，也来投奔他。太颠、闳夭、散宜生、鬻子、辛甲大夫等都成了文王的座上宾。这些人群策群力，为周贡献了自己的智慧，也为周顺利伐商起到了重要作用。

然而，韬光养晦只是文王的一面，周国为磨炼军队，扫平伐商的障碍，不断对外用兵。《皇矣》后四章就记载了文王反抗密国入侵和征伐崇国的史实，前者是文王经历的第一次大战，后者则发生在文王驾崩前一年，是文王指挥的最后一次战争。

第五章写上帝教导文王："不要徘徊不要动摇，也不要去非分妄想，渡河要先登岸才好。"临敌要勇往直前，战前先占据有利的形势。先秦时期战争前一般都要占卜吉凶，这里上帝的话，其实是占卜后借上帝之口进行的战前动员。以上帝的名义说话，也表明文王处于正义的一方。密国如何侵入及其兵力虽未描写出来，但战前的紧张氛围已充分显示了出来。

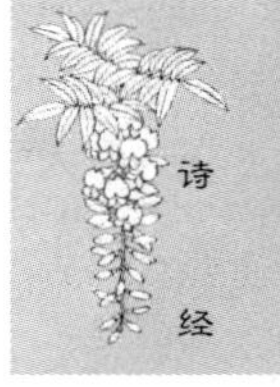

接着作者指出战争的原因是"密人不恭，敢距大邦"和"侵阮阻共"。密国，《史记》称"密须"。密须国不恭敬顺从周国的命令，实在狂傲，侵阮伐共气焰嚣张，又侵略周国。所以文王才当机立断，进行剿灭。作者还并强调，这是"笃于周祜""对于天下"的正义行动。

帝谓文王：无然畔援，无然歆羡，诞先登于岸。密人不恭，敢距大邦，侵阮徂(cú)共。王赫斯怒，爰(yuán)整其旅，以按徂旅。以笃于周祜，以对于天下。

第六章具体写双方的战斗进展。密人凭着地势高险，从阮国出兵，登临周国的高山，已经侵入国境了。文王对密人发出了严重的警告："不要陈兵在那丘陵，那是我国的丘陵山冈；不要饮用那边泉水，那是我国的山泉池塘。"文王考察地利，选择战场，在岐山南面、渭水旁边安扎营寨，整阵对敌。至此，周国出兵名正言顺，占据地利人和，战争的结果如何，诗中已无须多言了。

依其在京，侵自阮疆。陟我高冈，无矢我陵。我陵我阿，无饮我泉，
我泉我池。度其鲜原，居岐之阳，在渭之将。万邦之方，下民之王。

第七章描写周国攻打崇国时战前上帝对文王的教导。崇国位在今陕西西安市户县一带，是商的附庸国，一直充当着阻击周国东进的角色，是周国的死敌之一，其国君崇侯虎极有政治头脑。《史记》记载崇侯虎曾就文王扩张向殷纣王进谏，他说道："西伯积善累德，诸侯都向往他，这将不利于您。"于是纣王就将文王囚禁在了羑里，文王出狱后，消灭崇国就成了当务之急。

帝谓文王：予怀明德，不大声以色，不长夏以革。不识不知，顺帝之则。

帝谓文王：询(gòu)尔仇方，同尔弟兄。以尔钩援，与尔临冲，以伐崇墉(yōng)。

最后，诗人用雄健的笔力描绘伐崇的具体情景。战前，上帝教导文王，命他在本军将士面前不要疾言厉色，这是紧张的表现，容易动摇军心，要从容镇定；搏斗时，不要凭武器硬拼，而要注意策略。上帝还告诉文王，得道多助，要按照上帝意志，联合同盟和兄弟之国。攻城战开始了，只见周国士兵用钩援爬上敌人的城墙，临车和冲车轰隆出动，坚固高耸的崇国城墙在冲击之下纷纷瓦解。士兵们抓来的俘虏成群结队，杀敌之后安详从容地割取敌耳计算战功。周国一战而胜，进城后井井有条地招降、安抚了崇国民众。

这一战周国展示了最新的攻城武器：临车是居高临下的攻城车，冲车则是专门冲破城墙与城门的撞城车。这是中国军事史上的重大突破，"车"这一战争利器登上历史舞台，自此城墙不再成为战争的阻碍，车战时代正式降临，其后直至战国，战争形态就以车战为主。周国还使用了最先进的攻城方法："钩"是带钩的兵器，士兵能够以此爬上城墙；"援"是带有横刃的兵器，这种兵器造成的伤口难以愈合，失血极多，杀伤力巨大。终于，"是伐是肆，是绝是忽"，对崇国的战

争取得了决定性的胜利，崇国被彻底消灭。从此，四方邦国没有胆敢忤逆周国的了。

安阳出土西周早期战车

西周战车复原图

临冲闲闲，崇墉言言。执讯连连，攸馘(guó)安安。是类是禡(mà)，是致是附。四方以无侮。

临冲茀茀(fú)，崇墉仡仡(yì)。是伐是肆，是绝是忽。四方以无拂。

《皇矣》后四章所描绘的对密反击战与对崇攻灭战，是文王亲自指挥的两大战役，前者使得周国扫除西方之敌，消灭了后顾之忧，后者则扫清了伐商的首要阻碍。后世儒家将文王奉为圣人，极力强调他温柔敦厚的一面。然而以周代商的过程绝非温文尔雅的平稳过渡。后世腐儒们为了拔高文王的德行，虚构了密国和崇国不战而降的传说。《吕氏春秋·用民》说："密须之民自缚其主而与文王。"说密国的人民自动绑了他们的国王投降文王。《左传·僖公十九年》："文王闻崇德乱而伐之，军三旬而不降，退修教而复伐之，因垒而降。"这是说文王攻伐崇国是因为崇国的道德乱了，出兵三十天后崇国没有投降，文王就退兵修养自己的德行，然后再出兵，崇国就因为文王的道德高尚而投降了。这些记载都不是事实。前者有可能是密国国王在周国兵临城下的情况下，不得已主动请降；后者则可能是文王第一次出兵攻打崇国失败，退兵休养生息军队，研究战法，然后才攻伐成功。

自太王至王季再至文王，周国内无纷争，得以全力发展。其军队兵精器良，训练有素。在强大的经济实力与军事实力的助推下，周边国家纷纷依附称臣。周国不单成为西方霸主，更"三分天下有其二"，制约周国进一步发展的唯一敌人和障碍，就是东方的庞然大物——商朝。

内政清明，万国称臣

——《大雅·灵台》

文王的伐商大计，有一文一武两手相辅相成的策略。武的一手就是征伐，文王执政五十年，征伐不断。向西，打败密国和犬戎，解除后顾之忧；在黄河以北打败黎国、邘国，获得从北部出兵商朝京畿的前进基地。打败黎国后，商朝贵族祖伊非常惶恐，认为这是殷朝天命快要终止的前兆，可见文王此战的重要性。向东，文王消灭崇国，伐商的战略部署宣告完成。

不过，单凭武力是无法克商的，还需要另一手准备，这就是文的一手，这一包含内外两部分。对外，文王以德服人，遍和诸侯。文王即位之初就“质虞芮”，调节虞国和芮国的纷争。虞国是文王的二位伯父太伯、仲雍所建，在现在山西平陆县以北，处在山西河南交界处，北靠中条山，与河东盆地相依，南临黄河，东接现在的洛阳，战略位置极为重要。芮国也是姬姓国家，建国时代早于王季时期，位于虞国西面，在现今的陕西大荔、潼关县和河南灵宝市之间，正当北洛水和渭水的交汇点，又是渭河东流入黄河的交界地，正是渭水流域进入黄河流域的交通枢纽，也是周国到虞国的必经之路。虞国和芮国如果反目成仇，对尚未占据中原的周国来说将是生死攸关的大事，也就成为刚即位一年的文王需要首要解决的问题。

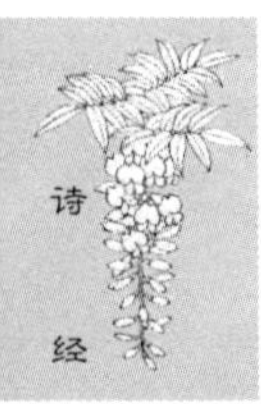

虞芮两国争端的原因，《史记》记载是“有狱不能决”，即司法问题；《尚书大传》记载是“争田”，即领土问题。事实或许是二者的结合，“有狱不能决”是“争田”的后果之一。虞芮两国无法解决，就派使者到周国来，请文王来裁断。使者们走到周国边境，看到周人耕田时互相谦让地边，走路时互相让道；进入周国首都，又看到周人男女各行其道，老人们安心养老；到了周国朝廷上，更发现周人礼让大夫，大夫礼让卿，每个人都有礼有节。使者回去报告国君，两国国君都非常惭愧，说：“我们真是小人，从此不要再踏进君子的朝廷里啦。”于是两国国君都让出原本争执的土地，作为闲田。其他国家的君主和人民知道这事情后，都纷纷称赞文王德行高尚，除了少数几个国家，都归顺了周国。

对内，文王勤于政务，任用贤臣，团结贵族，安抚下民，是一位近乎完美的国王。当时团结在文王周围的贤能贵族很多，《国语》中曾经记载：文王孝敬父母，友爱弟弟虢仲和虢叔，恩惠儿子管叔、蔡叔，他曾向八虞，也就是虞国的八位贵族——伯达、伯括、仲突、仲忽、叔夜、叔夏、季随、季騧——请教治国方略，与虢仲、虢叔谋划政事，征求闳夭的意见，同南宫适一起磋商，咨询蔡公、原公，访问辛甲、尹佚，还有周公、昭公、毕公、荣公的辅佐。其中，八虞、太颠、闳夭、散宜生、鬻子和辛甲都不是出身于周的贵族，《墨子》还曾说“文王句闳夭、太颠于罝网之中”。罝网泛指捕捉鸟兽的网，这二位重臣大概原来是猎人。辛甲则本是殷纣王的大臣，曾连续进谏殷纣王二十五次而不用，于是投奔文王，受封太史。文王广纳贤才，曾经“日中不食”，也就是接待人才而忘记中午吃饭。

文王还提倡“怀保小民”，他遵守后稷和公刘开创的农业立国的道路，大力发展农业生产，采用“九一而助”的政策，即划分田地，让农民助耕公田，纳九分之一的税。商人往来不收关税，如果有人犯罪也不牵连他们的配偶和孩子。这些举措大大增强了周国的国力，更使文王获得了周国人民的衷心热爱。所以，文王的号召总能获得百姓的热烈呼应。《大雅·灵台》描写的就是这样一幅场景。

《毛诗序》说：“《灵台》，民始附也。文王受命，而民乐其有灵德以及鸟兽昆虫焉。”诗歌借百姓为周王建造灵台、开辟灵沼，来说明文王德行高尚，人民和其他邦国都乐于归附。《孟子·梁惠王》中曾经说道：“文王以民力为台为沼，而民欢乐之，谓其台曰灵台，谓其沼曰灵沼，乐其有麋鹿鱼鳖。古之人与民偕乐，故能乐也。”这是说文王的名叫灵台灵沼的广大园林不自己独享，而是与人民共享，与民同乐。当然，当我们直面此诗，毫无疑问会同意这样的解释：“这是一首记述周文王建成灵台和游赏奏乐的诗。”（程俊英《诗经译注》）

这首诗共四章，《毛诗》将诗歌分为五章，每章四句。此种分法从诗意上有很多不合理之处，当代学者一般遵从《鲁诗》的分法：第一、二两章每章六句，第三、四两章每章四句。

经始灵台，经之营之。庶民攻之，不日成之。经始勿亟，庶民子来。

首章写计划并建造灵台的情景。灵台，郑玄解释说：“天子有灵台者所以观祲象，察气之妖祥也。”陈子展《诗经直解》则说得比较清晰：“此灵台似是以观天

甘肃灵台县重建的文王灵台

文之雏形天文台，非以观四时施化之时台（气象台），亦非以观鸟兽鱼鳖之囿台也。”灵台就是天文台。唐代人还能见到文王所建的灵台，并描述说：灵台高二丈，周长大概一百二十步。（李泰《地括志》）文王为什么要费这么大功夫，动员全国人民造天文台呢？

原来在古代，朝代更替后君主必定要做的一件事就是“改正朔”，是新的统治者巩固政权的一项重要举措。正和朔分别为一年和一月的开始。《礼记·大传》说：“立权度量，考文章，改正朔，易服色，殊徽号，异器械，别衣服，此其所得与民变革者也。”每当王朝换代，新的统治者都要重新统一度量衡，制作礼乐，改变历法，改变服色，改变徽号，改换器械，改变衣服。《史记·历书》也说：“王者易姓受命，必慎始初，改正朔，易服色，推本天元，顺承厥意。”改正朔就要颁布新历法，而制定新历法则必须从观测天文开始。文王建造灵台，其目的就在于观测天象，以备日后伐商改正朔之用。

据说，文王修筑灵台与灵沼，在挖地的时候挖出了死人的骨头。官员把这件事上报给文王。文王下令：“另外找个地方安葬他。”官员回复说：“这是一副无主骸骨。”文王说：“拥有天下的人是天下人的共主；拥有一个国家的人是一个国家的共主。我是周国国王，本来就是他的主人，又去哪里找他的主人？”于是命令官员带上衣冠，用棺材将无名骸骨仔细安葬。天下人听说了这件事情，都说：“文王真是贤明啊！德泽已经布及枯骨了，又何况是对于百姓呢？”

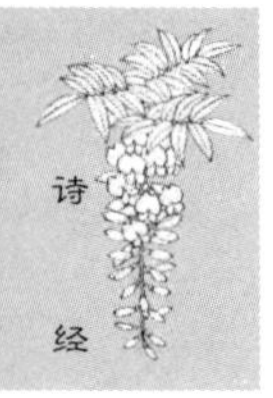

因此从一开始，建造灵台就是一项得民心的大工程。只见黎民百姓们自发前来，共同出力，没花几天就成功建成。“经之”“营之”“攻之”“成之”，一系列动宾词组贯穿始终，文气连贯紧凑，语势一气呵成，更显示出百姓主动出力的热情，方玉润《诗经原始》说：“民情踊跃，于兴作自见之。”

王在灵囿，麀（yōu）鹿攸伏。麀鹿濯濯，白鸟翯翯（hè）。王在灵沼，于牣（rèn）鱼跃。

第二章则写文王在灵囿、灵沼中游乐的场景。灵囿与灵沼的建造其实在灵台之前，于诗中则放在第二章，形成了倒叙。只见肥壮而皮毛光亮的母鹿懒懒伏在树荫下，丝毫不畏惧人。羽翼洁净的白鸟停在树枝，不飞也不叫。文王来到了灵沼边，满池的鱼儿都窜蹦起来迎接他。孙矿说："鹿善惊，今乃伏，鱼沉水，今乃跃，总是形容其自得不畏人之意。"姚际恒也说："鹿本骇而伏，鱼本潜而跃，皆言其自得而无畏人之意，写物理入妙。"(《诗经通论》)这一章，通过写鹿、鱼和鸟等自然物的安详不惊，实则反衬出周国人民的幸福安乐：君王出游连机警的母鹿都不受惊，人民之安康幸福自不待言。

晚唐时期敦煌壁画《出行图》

虡业维枞(cōng)，贲(fén)鼓维镛。于论鼓钟，于乐辟廱。
于论鼓钟，于乐辟廱。鼍(tuó)鼓逢逢，蒙瞍奏公。

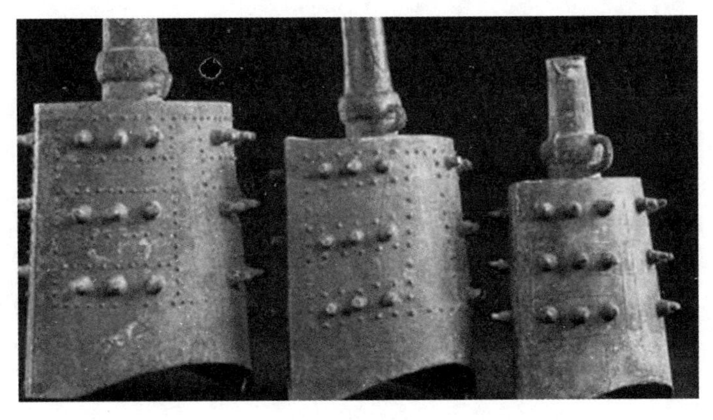

西周铜钟

诗歌第三、四两章写文王在离宫辟廱宴乐的情景。上一章游乐地点是野外，这一章则转到了建筑内。辟廱和上文的灵台、灵沼、灵囿连称，是指文王闲暇休息时游玩的离宫。辟廱宫里有什么可以快乐的呢？原来是聆听钟鼓音乐。只见虡(jù，钟架)、枞(cōng，横板)、贲(fén，大鼓)和镛(yōng，大钟)都分列

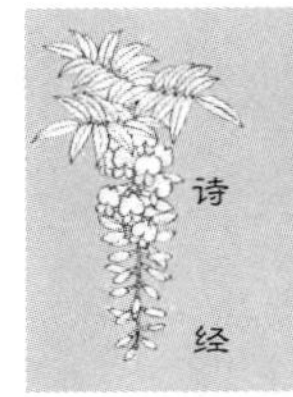

两排，钟和鼓敲起悠扬的节奏，鼍(tuó)鼓的声音蓬蓬相应，盲人乐师们配合着奏乐唱起歌谣，让人乐而忘归。三、四两章采用顶针修辞格，连用四个“于”字，感叹赞美之情溢于言表，将那种游乐的欢快气氛渲染得十分浓烈。

不过，文王聆听音乐并非是为了个人享乐，其意在规范礼乐。礼，就是以宗法制度和等级制度互为表里的礼制，还包括一系列具体的礼节仪式；乐，则是和礼相配合的乐队编制和歌舞表演。礼乐并非始自文王，也非周朝独有，但却是周朝文化和意识形态迥异于前朝之处，更是周克商以后巩固自己统治的基本国家架构。《灵台》中文王看似享受音乐，实则是以身作则展示礼乐仪式，意蕴深远。

朝代更替往往不仅仅是权利和王位更迭，更是文化的更替。《灵台》一诗中，文王已经准备好了历法和礼乐，这意味着周文化经过长久发展已经获得了自己的特质。周民族通过征战壮大、检验了军事实力，通过建立历法和礼乐发展了文化实力。政治成熟、文化发达、实力强大的周，至此已经完成取代商的全部准备工作了。

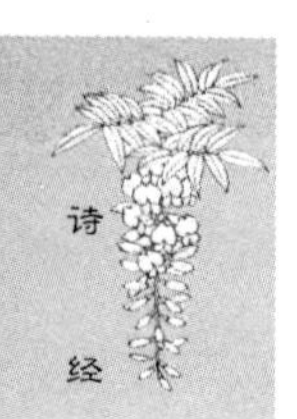

周虽旧邦，其命维新

——《大雅·文王》

文王作为一代圣王，其人生充满了传奇色彩。传说文王身高将近两米，有龙的容颜和虎一样的腰背。他的人生历程绝非一帆风顺，他中年丧父，仓促继位，一生东征西战斗，戎马倥偬（kǒng zǒng）。文王继位之初为报父仇，仓促伐商，大败而回。此后，他韬光养晦，励精图治，广求贤才，将周国治理得欣欣向荣。

文王像

文王即位第八年六月里的某一天，身体突然感到有些不适，不得不静躺在床上修养。第五天时忽然发生了地震。古时候地震对一个国家来说，往往意味着上天的惩罚。这次地震震中就在岐山附近，震感强烈，土地和房屋摇动剧烈，虽然没有造成人员伤亡和经济损失，但是人心惶惶，群臣纷纷向文王请示如何善后。有大臣进谏道："臣听说地震是为君主引发的，现在您有病修养五天发生了地震，震动的位置就在都城内。群臣都感到恐慌，请求您移走地震的根源。"文王问他："怎么才能移走呢？"大臣回答道："发动群众大兴土木增都城，就能够移走了。"文王说道："不行！天地出现这样妖异的现象，是为了惩罚有罪的人，一定是我有了什么罪过所以上天用地震来惩罚我。如果现在兴师动众是加重我的罪过，这行不通。如果要移走灾祸的根源，那么我要改进措施，多实行善政，这样才能免于惩罚啊。"于是，文王整肃礼仪，向各国赠送皮革以求结盟；修正自己的言语，礼贤下士，赐予有才能的人以财富和布帛；还颁行爵位等级，以土地赏赐给有功的文武官员。没过多久，文王的病就好了。

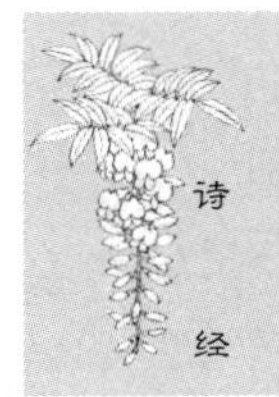

调解虞国和芮国的纷争后，文王在各方国诸侯中的威望也水涨船高。一些商朝的有识之士如崇侯虎，意识到周国必然会成为商朝大敌，就向殷纣王进谏

说:“西伯姬昌积善累德,诸侯们都很偏向他,这将不利于您啊。”于是商纣王就找了些莫须有的罪名,将文王关进了在今河南汤阴县北羑里城的监狱。这就是史书中说的文王“羑里之厄”。

据说,在狱中,文王专心致力将八卦推演成六十四卦,并写了六十四条彖辞来配合卦象,做成《周易》。众所周知,商人占卜一般用灼烧龟壳的方式,以此来获得至高神“上帝”的指示。文王推演八卦创制《周易》,意在创制独属于周的沟通天命的方式,在宗教信仰上摆脱商的控制。其实,现存《周易》中保留了大量文王之后的史实,从宋代开始就有人不断怀疑《周易》的作者并非文王。之所以如此,大概是因为文王开创了周代的万世基业,被公认为圣人,神圣性的作者必然带来神圣性的作品,后人为了突出《周易》的地位,就将《周易》的创作权奉献给了文王。

然而,纣王对文王的折磨远未停止。当时文王的大儿子伯邑考在商朝当人质,纣王就把他杀死,做成肉汤送到狱中让文王吃。文王假装不知道有这么回事,若无其事地喝了肉汤,眼泪只能悄悄往肚里流。纣王听了报告以后得意地说:“谁说西伯是什么见多识广、未卜先知的圣人?他喝了儿子肉做的汤都不知道呢!”

文王在监狱受苦,在周国的大臣闳夭等人着急坏了。为营救文王出狱,大臣们设法找来有莘氏的美女,骊戎地区出产的红鬃白身、目如黄金的骏马,有熊国出产的三十六匹好马,还有其他种种珍奇宝物,贿赂纣王的宠臣费仲,通过费仲献给纣王。见了这些财宝,纣王心花怒放,说:“这些东西有了一件就可以释放西伯了,何况这么多呢!”于是下令赦免文王,还赐给他弓箭和斧钺等象征权力的兵器,让他有权名正言顺地征讨邻近的诸侯。

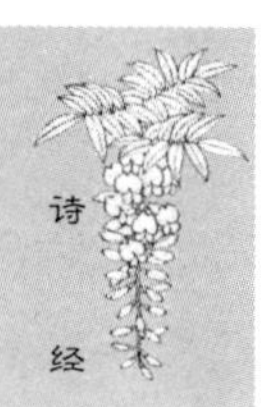

西伯被放出监狱以后,更做出对商王朝忠心耿耿的样子。当时,商纣王发明了炮烙之刑,就是在火坑上架一根涂满油脂的铜柱,命犯人在上面不停地走,犯人走不动了,或者稍不留神,就会滑倒摔进火坑里烧得皮焦肉烂。但是商纣的宠妃妲己看见此惨状反而会笑个不停,于是商纣就不断地让犯人这样做,以博得妲己一笑。诸侯和人民无不痛恨得咬牙切齿。文王假装为纣王着想,献给纣王周国洛河西岸的土地,以此换取废除炮烙。纣王贪图土地,答应了文王。诸侯和人民更加倾慕文王了。

在文王的心底,念念不忘的是自己被无辜杀害的父亲和被残杀的儿子,桩桩仇恨叠加在一起,更坚定了他讨伐商朝的决心。他经常四处寻访,下决心要找到一个能辅佐他消灭商朝的英才,早报不共戴天之仇。

姜子牙

有一天,文王要出去打猎,出行前照例进行占卜。然而这一卦与往常不同,卦辞说:“所得猎物非龙非螭,非虎非熊,乃是成就霸王之业的辅臣。”文王将信将疑,出猎行至渭水南岸时,看到一位白发苍苍的老人在钓鱼。只见他不慌不忙,用的鱼钩是直的,也不用鱼饵,但是每起一钩都会钓上一条活蹦乱跳的大鱼,文王在一旁看得入了迷。后来文王与钓鱼的老人搭话,没想到这位老人对天下形势的分析极为精辟。对治国安邦的一系列见解更令人茅塞顿开,文王意识到这是一位才能非凡的人物。他们愈谈愈投机,都感到相见恨晚。文王心悦诚服地说:“记得我们的老太公曾说过:‘只有把才能出众的人请到周国,周国才能强盛起来’,您恐怕就是这样的人吧?我们老太公可盼望您多少年了!”于是他把这位钓鱼的老人请上自己的车子,一同回到京城,任命其为总管军队的太师。周人因此就称新立的太师为“太公望”,意思是太公盼望了很多年的人物。

“太公望”原名姜尚,字子牙,祖籍原在东方夷人地区。据说,他的祖先在舜时曾为“四岳”之一,因为帮助大禹治水立了功,被分封在吕地。中国古代常常“以地名氏”,因祖先曾被封在吕地,因此姜尚又称吕尚,姜是其家族的姓。到夏、商时代,姜姓子孙慢慢地分化,很多人都失去封地和财产,成为穷人,姜尚就是其中的一位。虽然他满腹经纶、才华出众,但在商朝无人赏识,怀才不遇,只得混迹于市井。他家里很穷,早年为了维持生计,曾经在商朝国都、繁华的朝歌城里当屠夫,贩卖牛肉和猪肉,后来又在孟津开酒店。两次做生意都失败了。年至八十,仍未得到施展才华的机会。但历尽沧桑的他对天下大势又有了更加深刻的理解,过人的阅历使得他更加明白等待的道理,他从未放弃施展才能与抱负的可能。当姜尚听说西方的周文王广求贤良的消息后,认为自己实现多年理想的机会到来了,便在岐山西南的凡谷钓鱼,等待遇到文王的机会。

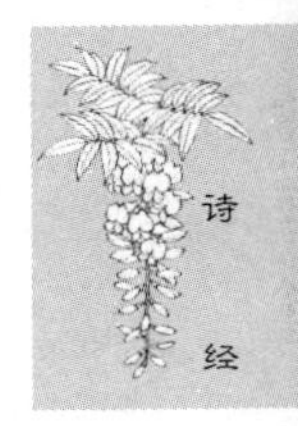

据说,姜尚钓鱼时,刚开始手气并不好。他在水边钓了三天三夜也不见一条鱼来咬钩。姜尚气得甩掉帽子扔掉上衣也全无办法。正当他十分狼狈无计可施的时候,有位农夫打扮的人意味深长地对他说:“你别着急,再钓一次试试

姜太公钓鱼

看！不过你要把鱼线做得细一些，鱼饵香一些。下钩要尽量轻，千万不要使鱼受惊！”姜尚依法办理，果然钩钩不空。从钓鱼中他悟出一个道理：灭掉商朝和钓鱼一样，必须从长计议，悄悄准备，更不能让商纣王看出破绽。

自从文王和姜尚相遇之后，大事小事要都和姜尚商量，周国的实力如虎添翼，一发不可收拾，终于在军事、政治、外交和文化上都奠定了取代商朝的基础。文王驾崩后三年，武王继承他的遗志，统筹他所积累的力量，载着他的灵位，在太公望的辅佐下一战而胜，成功克商。

为了纪念文王的功德，总结强大商朝一夕覆灭的经验教训以告诫后世君王，周人做了《文王》这首诗。《文王》是《大雅》的首篇。朱熹《诗集传》据《吕氏春秋·古乐》的记载解释这首诗的题旨说：“周人追述文王之德，明国家所以受命而代殷者，皆由于此，以戒成王。”今人余培林在《诗经正诂》中说：“观诗中文字，恳切叮咛，谆谆告诫……故其说是也。至此诗之旨，四字可以尽之，曰：‘敬天法祖。’”此论可谓简明得当。

这篇诗除了歌颂文王之外，更总结了文王能够克商的历史经验，告诫当时的成王和周国贵族等既得利益者，要敬天法祖、以殷为鉴才能确保周王朝长治永安。

全诗七章，每章八句。第一章开篇即言天命，文王的神灵升上天，陪伴在上帝左右，周国虽是古老的邦国，但承受天命建立新王朝是天帝意旨。

文王在上，于昭于天。周虽旧邦，其命维新。
有周不显，帝命不时。文王陟降，在帝左右。

第二章言文王勤勉进取，人间交口称赞，因此上帝厚赐他兴起周邦，也赏赐子孙宏福无边。文王的子孙后裔世世代代繁衍绵延，周朝继承爵禄的卿士们，累世累代都光荣尊显。

亹亹(wěi)文王，令闻不已。陈锡哉周，侯文王孙子。
文王孙子，本支百世。凡周之士，不显亦世。

第三章说周王朝人才众多，世代继承传统，王国才得以成长发展，众多人才济济一堂，他们是周朝栋梁之臣。

世之不显，厥犹翼翼。思皇多士，生此王国。
王国克生，维周之桢。济济多士，文王以宁。

前三章的意思前后连贯，分别突出天命指引、文王自身德行和辅佐之臣。这是从正面因素总结周朝兴盛的原因。后三章则描绘商朝后裔的下场，并从反面总结殷朝轰然倒塌的原因。

第四章先将原因归结到天命上，文王因德行而承天命，伟大的天命决定，商的子孙成了周的属臣。虽然商人的那些子孙后代数以亿计，但既然上帝已降下意旨，就必须顺应天命臣服周朝。

穆穆文王，于缉熙敬止。假哉天命，有商孙子。
商之孙子，其丽不亿。上帝既命，侯于周服。

但是，既然天命能赐给周朝，也能赐给其他王朝，第五章认识到天命无常，曾拥有天下的殷商贵族已成为服役者，他们身穿祭服头戴殷冕，勤勤勉勉地服务于周王朝在京师举行的祼礼祭飨作陪伴。

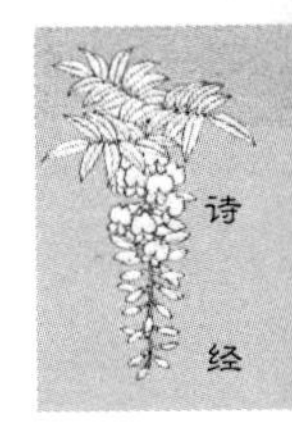

侯服于周，天命靡常。殷士肤敏，祼将于京。
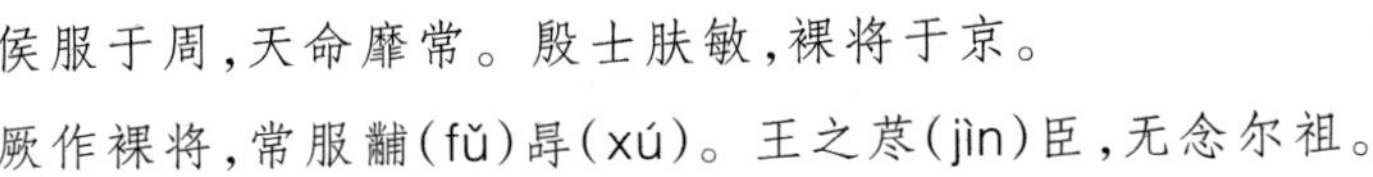
厥作祼将，常服黼(fǔ)冔(xú)。王之荩(jìn)臣，无念尔祖。

既然天命会变，那么怎么才能永承天命、永保多福呢？第六章总结道：首先要修养自身的德行，才能长久地顺应天命。尤其重要的是，作者再三告诫说：商没有失去民心时，也能与天意相称。可见，作者清醒地认识到，天意即民意，民心所向即天命所归。这在中国古代是极为难能可贵的。

无念尔祖，聿修厥德。永言配命，自求多福。
殷之未丧师，克配上帝。宜鉴于殷，骏命不易！

从正反两方面总结之后，第七章则再次赞美文王。既然天命的施行没有声音也没有气味，那只有以文王为榜样，修炼自己的德行，勤勉为政，才可以得天福佑，长治久安。

命之不易，无遏尔躬。宣昭义问，有虞殷自天。
上天之载，无声无臭。仪刑文王，万邦作孚。

全诗始终贯穿继承于殷商但却经过周人重大改造的天命观。殷商天命信奉君权神授，认为统治者的权力是天帝赐予的，统治者所作所为都是天意，而天命永远不变。周王朝推翻殷商统治的同时，也借用了天命说为自己寻求统治的合理性，但却提出，“天命无常”“唯德是从”，天命只青睐有德行的人，有德就有天命，失德便会被革去天命。全诗围绕这一思想，以事实为依据，动之以情，晓之以理。歌颂文王福泽百世的言外之意其实是：如果没有文王创立的王朝，哪里有你们今日和后世的尊荣？文王为何才能建立王朝呢？因为他有德行，所以有天命。作者再以殷商亡国为鉴，殷商人口比周国多，势力比周国强大，却因丧失民心而被推翻，最终沦为周朝的下属，希望引起警戒，不再蹈殷商之后辙。

全诗恳恳切切，有劝勉，有鼓励，有启发，有引导，表现了有经验的政治家对后代统治者苦口婆心的谆谆教导，情理交融，韵律和谐，在众多文王赞歌中可谓独树一帜，别具高格。

一战功成，江山定鼎

《诗经》的内容无所不包，人世间的万事万物皆可入诗，从思辨的哲学到虔诚的宗教，从迷人的爱情到痛苦的丧葬，从奢华的祭祀和宴饮到艰苦的农事，从对祖先骄傲的赞美到对统治者痛恨的咒骂，从恢宏的民族历史到日常的建筑、服饰、器物，可谓一部西周社会的洋洋大观园。而《雅》《颂》诸诗中所呈现的商周早期建国史与战争史，正可补足上古史料之缺。浩荡的历史长河在万钧笔力之裁廓下，温顺地纳入了诗歌有限的形式之中。不过，当我们细心揣摩，金戈铁马萧寒之意夺卷而来，文字间的风雷之声激荡而出，声声入耳。雄阔征战早已烟消云散，英雄豪杰已被大浪淘尽，然而辛亏有了这些诗歌，两千多年前的这段历史才如一场永不褪色的画卷，常看常新。

仁义成汤，克夏立商

——《商颂·长发》

周取商朝而代之，当年商则推翻夏朝问鼎天下。商朝开国君主汤也历尽艰苦，佐以卓绝的智慧和仁义的品德，方得以克夏立商。

商汤

汤是主癸的儿子。商族发展到主癸时，已经是赫赫有名的大国诸侯了。主癸死后，他的儿子汤继位为商侯，故名商汤。商汤又名叫履，又被尊称作武王。古书中说“汤有七名”，见于后世文献的有汤、成汤、武汤、商汤、天乙、天乙汤，见于甲骨文的有唐、成、大乙、天乙。天乙、大乙和高祖乙则是商族的后人祭祀汤时所称的庙号。

商汤继位正值夏朝末年，夏君桀暴虐无道，残害人民，天怒人怨。为了商族能更好地发展，也为了天下苍生的平安喜乐，汤将灭夏作为自己的首要使命。为此，他将商族从商丘迁到祖先帝喾曾居住过的亳，在亳积蓄粮草、招集人马、训练军队。

打铁还需自身硬，商汤迁回亳地之后，当务之急是治理好内部。他鼓励人民安心农耕，大量饲养牲畜。汤自己则与民为善，多行仁义。有一次，汤在郊外山林中看见一个农夫正在张网，捕捉飞鸟。只见农夫东南西北四面都张挂了网，挂好后，农夫对天拜了几拜祷告说：“求上天保佑，网已挂好，愿天上飞下来的，地下跑出来的，从四方来的鸟兽都进入我的网中来。”汤听见了以后，非常感慨，说：“只有夏桀才会如此一网打尽啊！这样做实在太残忍了。”就叫人将网撤掉三面，只留下一面，随即汤也跪下去对着网祷告说：“天上飞的，地下走的，想往左跑的，就往左飞，想往右跑的，就往右飞，不听话的，就向网里钻吧！”说完，商汤对那个农夫和随从们说：“对待禽兽也要有仁德之心，不能捕尽捉绝，不听天命的，还是少数，我们要捕捉的就是那些不听天命的。”商汤“网开三面”的故事很快就在诸侯中传扬开了，他们都说：“汤高尚的德行，已经惠及禽兽了，何况对人呢？”于是，归顺商的诸侯很快就增加到四十个。商汤的势力也愈来愈大。

夏代晚期束腰爵

然而，只有仁德的一面还不足以灭夏，军事打击才是灭夏的最终途径。为了削弱夏朝势力，剪除夏桀党羽，商汤打响的第一战就是消灭葛国。

葛国，位于今河南宁陵县北，在亳的西面。葛伯忠于夏桀，为夏桀监视东方各诸侯。商汤唯恐葛伯向夏桀高密，想先将葛伯归化到自己的阵营中。然而，葛伯好吃懒做，连最重要的祭祀的仪式都荒废了很久。汤得知以后派使者前去责问原因。葛伯深知商族畜牧业发达，牛羊众多，就说：“我们不是不明白祭祀的重要，只是每次祭祀都要用许多牛羊，而我们却没有，拿什么去祭祀呢？”商汤听了使者的回报，就派人挑选了一群肥大的牛羊送给葛伯。葛伯以为自己骗到了商汤，就将牛羊全部杀来吃掉，仍然不举行祭祀。商汤再次派使者质问葛伯，葛伯又说：“我们的田地种不出粮食来，没有酒饭来做贡品，当然就举行不了祭祀。”于是，汤又派亳地的人前往葛地去帮助他们种庄稼。

在葛伯的统治下，当时的葛国人民生活非常痛苦，衣食都不能自足。于是，商汤就命人往葛地送去酒饭，这些送酒饭的人都是老弱和孩子。葛伯却每次都要派人将酒饭抢走。有一次，一个孩子去送饭，竟因反抗抢劫被杀死。这下子，商汤明白葛伯死心塌地地与商为敌，于是尽起精兵，杀掉了葛伯。这次行动不仅没有遭到其他诸侯的反对，反而极大地提升了商汤的威望。憎恨夏桀的人民都盼望着商汤率军前来推翻夏桀的统治。一些诸侯、方国自愿归顺了商汤。对这些诸侯、方国，商汤都分别授以玉珠、玉串和玉圭。就这样，商汤成为诸侯公认的盟主，行使国王的权力。商汤从伐葛国开始，逐步剪除夏的羽翼，削弱夏桀的势力，“十一征而天下无敌”(《孟子·滕文公下》)。

为了观察夏王朝的虚实，商汤的宰相伊尹主动请缨去夏王都居住。商汤准备了大量土特产和贡品，以朝贡的名义将伊尹排到夏王都去。但是夏桀不在王都处理政事，而在他的离宫——倾宫中日夜与宠妃妹喜及宫女饮酒作乐。倾宫是夏桀专门为妹喜建造的，远远望去，浮云游动，宫殿耸入云天，人站在店门前，高高的宫殿压入眼帘，好像要倾倒一样，因此得名“倾宫”。宫内有镶嵌着象牙的走廊和白玉雕成的床榻，奢华无比。还有一座巨大的酒池，可以在里面航船，因醉酒落入酒池溺死的事情时常发生。据说，夏桀还命人造了一个大池，称为“夜宫”，带着一大群男女杂处在池内鬼混，荒淫无度。

伊尹前往倾宫朝见夏桀。夏桀召见伊尹时，假装大度地随口问商汤为什么消灭葛国。伊尹回答说：“葛伯不举行祭祀，商侯送给他祭祀用的牛羊都被他杀掉吃了，商侯派亳人帮助他耕种，他不但不感激，反而杀害送饭的人。他是大王的诸侯，如此不仁，有损大王之威，商侯才替您将他诛杀。”夏桀碰了个软钉子，也就不再说什么。伊尹又启奏道：“商侯派卑臣来侍奉您，不知大王有何差遣。”夏桀不在意地说：“你先回王都住下！有事时再传你。”就这样伊尹在夏王都一住三年，而夏桀整天饮酒作乐，从不理会朝政弃。

伊尹摸清楚夏朝的情况后，就回到了商汤身边。但他认为夏王是天下尊崇的共主，夏桀虽然暴虐无道，但在诸侯中仍有威信，不能着急讨伐他，要蓄积更大的力量，同时进一步削弱夏王朝的羽翼，等待最佳时机的到来，商汤接受了伊尹的这一策略，更加积极地准备伐夏大业。

拥护夏朝、忠心于夏桀的方国中，有三个对商汤威胁最大：在今河南滑县东的韦国、在今山东鄄城东北的顾国和在今河南濮阳的昆吾国。这三个夏的属国实力强大，属地与商接近。他们监视着商汤，经常向夏桀打小报告说商汤的坏话。商汤决定先消灭韦国，以儆效尤。

就在此时，夏桀得知商汤还在继续征伐诸侯，扩大势力，就传唤商汤入朝。商汤履行臣子的义务来到了夏王都，没想到一进都城，就被囚禁于设立在今河南禹县的夏台监狱。

伊尹得知汤被囚禁后，赶紧搜集了许多珍宝和美女献给夏桀，请求释放汤。贪财好色的夏桀看到这些珍宝、美女非常高兴，立刻同意了。夏桀无端囚禁汤这件事在诸侯、方国中引起了很大恐慌，连商汤都能随意囚禁，何况是他们?“诸侯由是叛桀附汤，同日贡职者五百国”(《太平御览》卷八十三引《帝王世纪》)。一天之内就有五百个诸侯到汤那里去任职，这个说法虽然有些夸张，但当时的诸侯往往都是部落首领，数百部落首领转而投向商，或迁徙到商的领地，是有可能的。夏桀囚汤非但没有达到惩一儆百的目的，反倒失去民心，加速了夏王朝的瓦解。

商汤回国之后,归顺商的方国、人口越来越多。经过精心谋划和准备,汤尽起大军,首先进攻韦国。商军兵行神速,势若迅雷,韦国连求援都来不及就被消灭了。汤一鼓作气,乘胜东进,消灭了顾国,兼并了韦国和顾国的土地与人口。

这时,昆吾国的国王夏伯感到了危险,意识到单纯的防守只能坐以待毙,又自恃其能,觉得自己的实力能够与商一战,于是以攻代守,率军进攻商,意图在商国更加壮大之前消灭它。汤率军迎战,一战大败昆吾军队,再战杀死了夏伯,消灭了昆吾。之后,为了试探夏桀的态度,检验民心相背,汤的宰相伊尹策划说:“今年本应该向桀进贡,暂且先不进贡,观察夏桀的反应。”

当夏桀得知商汤消灭了昆吾,又不再进贡,下令“起九夷之师”,也就是调东夷族的军队征伐商汤。但是夏桀反复无常,失去民心,东夷的首领们也看出夏桀不会长久,就抗命不从。伊尹看见九夷之师抗命不从,明白灭夏的时机成熟了,他说:“可矣。汤乃兴师。”(《说苑·权谋篇》)就请汤率军征桀。汤和仲虺、伊尹率领由七十辆战车和五千步卒组成的军队西进讨伐夏桀。夏桀调集军队出城迎战。两军在鸣条(今河南封丘东,或说在今山西城安邑镇北)的野外相遇,展开了大会战。

会战开始之前,汤为了鼓动士气,召集商军和前来共同伐夏的友军,宣读伐夏的誓词,这就是《尚书》中的《汤誓》,汤说:“你们大家听我说,并不是我小子敢于随便以臣伐君,犯上作乱。实在是由于夏桀罪恶深重,上帝命我去诛伐他。你们大家都知道,桀的罪在于他不顾稼穑,掠夺人民农事生产的成果,伤害了夏朝的传统。正如我听大家所说的,桀的罪还在于他信任奸臣,为了桀和乱臣们淫逸享乐,更聚敛诸侯和人民的财物随意挥霍,害得天下人无法安居。大家全都与桀离心离德,还指着太阳来发毒誓咒骂他,何日夏桀灭亡,大家宁可同他一起灭亡。天怒人怨,忍无可忍。桀的罪过如此之多,上帝命我讨伐。我怕上帝惩罚我,不敢不率领大家征伐他。大家辅助我完成上帝之命,如果上帝要惩罚,就由我一人领受。此战之后,我将重赏有功之臣。大家不要不相信我的话,我决不食言。如果谁不听从我的誓言,我就杀无赦。希望你们不要受罚。”

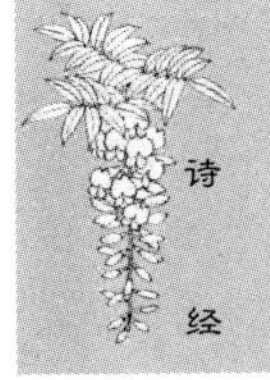

商军听到汤的誓言,士气大振,纷纷表示愿与夏军决一死战。而夏军士气低落,人人惶惶不安。交战那天,雷雨大作,商军迎着雷雨奋勇直前,夏军一触即溃,兵败如山倒。夏桀带领五百残兵趁乱向东逃跑到三蓃国,三蓃国的国君立即陈兵布阵保护夏桀,还扬言要和商汤决一死战。商汤挥师东进,在今山东汶上县北打败三葼军，杀了三葼伯，夺取了他宝玉和财产。夏桀见三葼又被商汤所灭，又带着五百残部向南逃走，套至南巢，也就是今安徽寿县东南，夏桀被商军追上，活捉于南巢城门口。汤并没有杀死夏桀，而是将他流放在南巢的亭山，夏桀经常愤愤不平地对看管他的人说："我很后悔，没有将汤在夏台杀掉，才落得如此下场。"商朝建国后三年，夏桀病死在亭山。

夏代晚期兽面纹铜牌

为了彻底消灭夏王朝的残余势力，商汤率军西进，未遇到大的抵抗就占领了夏都斟鄩，夏朝的亲贵大臣们纷纷臣服于商汤。汤和伊尹安抚了夏朝的臣民后，在斟鄩举行了祭天仪式，表示自己是依照上帝的命令来讨伐有罪的桀，夏后氏天命已终，正式宣告了夏王朝的灭亡。

祭祀天地以后商汤率军回到了亳，此时商威震四方，各地的诸侯、方伯以及大大小小的氏族、部落的酋长们，甚至包括远居西方地区的氐人和羌人部落都纷纷携带土特产、贡品到亳来觐见，表示臣服。数月之间，就有"三千诸侯"聚集于亳(《逸周书·殷祝》)。商汤对前来朝贺的诸侯皆以礼相待，更不倨傲，谦逊地自居诸侯之位。"于是诸侯毕服，汤乃践天子位"(《史记·殷本纪》)。在"三千诸侯"的拥护下，汤告祭上帝，登上天子之位，宣告了商王朝的建立。商朝后人作《长发》这首诗祭祀、歌颂商汤。

《长发》的形式和内容颇为独特，全诗七章，与《诗经》大多数四言诗体不同，《长发》每章押韵，句数却多有变化，形式上参差与整饬并存。全诗歌颂汤的功业的同时，追述简狄、契和相土的事迹，又兼及赞颂功臣伊尹。

浚哲维商，长发其祥。洪水芒芒，禹敷下土方。

外大国是疆，幅陨既长。有娀(sōng)方将，帝立子生商。

首章追述商悠久的民族史。契受上帝之天命出生，帮助大禹治理茫茫水患，立功受封建立商国，所以商国蒙承上帝所赐的吉祥，延续光荣的历史，福泽祯祥绵延不绝。第二章歌颂商契和商十一世国王相土。

玄王桓拨，受小国是达，受大国是达。
率履不越，遂视既发。相士烈烈。海外有截。

商契威武刚毅，建国后遵循礼法，施行任政，体谅民情，公正无私，国家发展兴盛。相土是商国第十一世国王，他极为勇猛，常与野马、野猪、大象、猛虎、凶狼等野兽搏斗，常常将之制服或打死。经过长久的观察和摸索，相土发明了驯马的方法，开始用马作为运载和战争工具，从此商国畜牧业得到极大发展，国力大为强胜。马匹成为战争工具是人类军事史上最伟大的突破之一。在机械文明改变战争形态之前，马匹的优劣、多少往往是战争的决定力量。凭借先进而强大武力，以今河南商丘一带为中心，相土把势力扩张到黄河下游的广大地区，抵达渤海一带，并同“海外”发生了联系。商国由偏居一隅的小国逐步发展成为政令通行天下的大国。从第三章开始转向对商汤的歌颂：

帝命不违，至于汤齐。汤降不迟，圣敬日跻。
昭假迟迟，上帝是祗，帝命式于九围。

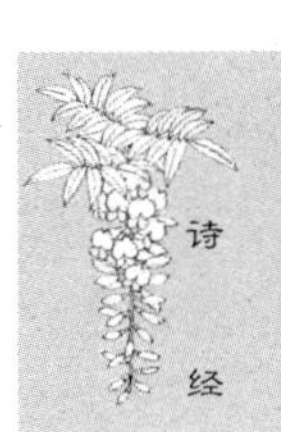

商朝众位先祖遵从上帝意旨，国家兴旺。到汤的时候最合天心，汤明哲圣德，敬奉上帝一片至诚，经常久久不息地向上帝祷告，于是受天命执政九州。

受小球大球，为下国缀旒(liú)，何天之休？
不竞不絿(qiú)，不刚不柔。敷政优优，百禄是遒。

第四章歌颂汤奉行天意施政，受大球小球。玉球又叫镇圭，是一种礼器，小的直径一尺二寸，大的三尺，象征着天子所执掌的法度。汤领受上天所赐予的法度，用这法度治理诸侯。他温厚仁义，不过分强硬也不过分柔弱，刚柔适中，为诸侯表率，人间千百福禄都尽归汤所有。

第五章描写成汤接受大小国家进贡的拱璧珍宝，商国承受上天所赐恩宠，武力强大可以保障天下的安宁，为诸侯所依靠。商汤勇武英豪，意志坚定，既不震恐也不动摇，处变不惊，既不惧怯也不受惊扰。所以，千百福禄都聚集在汤身上。

> 受小共大共，为下国骏厖(máng)。何天之龙，敷奏其勇。
> 不震不动，不戁(nǎn)不竦，百禄是总。

第六章回顾汤讨伐夏桀及其属国的历史。骏形容人威风，龙是“宠”的通假字。武王是汤的称号，他威风凛凛手持斧钺，在上帝的荣光和宠爱下，扬旗亲自征伐，首先讨伐韦国、顾国，再去灭掉昆吾、夏桀。商军势如熊熊火焰燎原而起，没有敌人胆敢阻截。正如一棵树只能有一个主干，天下九州归于一统。

> 武王载旆，有虔秉钺。如火烈烈，则莫我敢曷。
> 苞有三蘖(niè)，莫遂莫达。九有有截，韦顾既伐，昆吾夏桀。

末章歌颂成汤是上天之子，上帝降赐伊尹辅佐他建立功业。

> 昔在中叶，有震且业。允也天子，降予卿士。实维阿衡，实左右商王。

通看全诗，所叙述的事件基本未背离殷商史实，只是在史实基础上糅合、改造了许多上古神话传说。全诗叙述跌宕起伏，熟练地运用形象的语言、多变的比喻，生动地塑造了商汤形象。除全诗末两句外，句句用韵，每章换韵，行文摇曳多姿，语言整齐匀称的同时富有节律感，中国后世诗词所常见的对仗就滥觞于此。

尤为引人注意的是，《长发》全诗贯穿着天命论：商族是天帝的后裔，他们立国、开拓疆土、征伐夏朝、统治九州都是奉上帝的意旨，得到上帝的庇佑；他们的福禄、权力、财富都得之于天。和以拉大旗作虎皮以天命装点门面的后世王朝相比，殷人真诚地相信上帝存在，真心侍奉、祭祀上帝。甲骨文记载，殷人连牙痛都要占卜一下，求问上帝的命令和旨意。然而，占卜也有不灵的时候，天命也有改变的可能，上帝多变的心思，是商朝人所无法把握的。

肆伐大商，纣王真貌

——《大明》与《大武》

商朝前后相传十七世，历经三十一位君王，延续六百余年，传至帝辛时，商的天命终结了。面对西方勃然兴起的周国，商和他们所推翻的夏朝一样被置于历史的审判台，成了历史巨轮下的一缕灰尘。

经过长久准备之后，周国“三分天下有其二”，完成了经济、军事、外交和文化等一系列方面的积累，终于有了取代商朝的实力和可能。不过可惜的是，文王没有看到这一幕的到来。在消灭崇国的第二年，九十七岁高龄的文王驾崩，克商大任落在了继位的姬发，也就是周武王身上。此时，太公望任太师，周公旦做辅相，还有召公、毕公等人辅佐帮助，武王自身也以父亲文王为榜样，修德自持。不过，此时的商朝虽已病入膏肓，却依然保留了极为庞大的实力。

尤其是，我们熟知的商代末世君主纣王，并非后世相传的那样暴虐奢靡丧尽天良。相反，他是一位少有的文武双全、才华横溢的君主。纣王原名受，谥号帝辛，是帝乙的二儿子。他自幼聪敏过人，自视极高，《史记》说他：“知足以拒谏，言足以饰非；矜人臣以能，高天下以声，以为皆出己之下。”他的智慧足可以拒绝臣下的谏劝，话语足可以掩饰自己的过错。他凭着才能在大臣面前夸耀，凭着声威到处抬高自己，认为天下所有的人都比不上他。

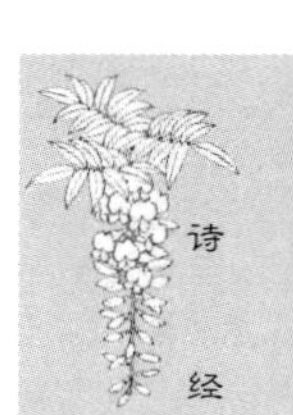

帝辛勇猛过人，传说他能同时拉着九头牛的尾巴倒曳着前行，还能手托屋梁，抽换房柱。《荀子·非相篇》说他“长巨姣美，天下之杰也；筋力超劲，百人之敌也”。《史记·殷本记》也说“帝纣资辨捷疾，闻见甚敏，材力过人，手格猛兽”。

帝辛

帝辛继位后，一直想效仿他的先祖高宗武丁，建立不世之功。对内他重视农桑，发展生产,商朝国力在他手中达到鼎盛。

对外,帝辛发起了一系列战争,首先征伐的是西北和北方的强敌鬼方。商朝末年,北方中原地区处在冰冷时期,作物由于寒冷期过长而无法正常生长,经常出现灾荒。以鬼方为首的少数民族经常南下侵夺商朝。在帝辛的率领下,商军势如破竹,很快就消灭了鬼方的主力。鬼方失败之下分裂成两部,一部向蒙古高原及漠北地区发展,一部融入内地,定居在周国境内。

消除西北边患之后,纣王略作休整,便兵发东夷。东夷是当时商朝以东诸民族的统称。傅斯年先生在《夷夏东西说》一文中说道:"凡在殷商西周之前,或与殷商西周同时,所以今山东全省境中,及河南省之东部,江苏之北部,安徽之东北角,或兼河北省之波海岸,并跨海而括辽东朝鲜的两岸,一切地方,其中不是一个民族,见于经典者,有太皞少皞有济徐方诸部,风盈偃诸姓,全叫做夷。"商族先民活动区域在今山东、河北的渤海湾一带,因此商人最初或许是东夷族一支,其后不断西迁才定居中原。

中原王朝与东夷族的斗争,从夏朝开始就从未间断。传说中曾射落太阳的"后羿",就是东夷的一支,他曾率军攻破夏朝都城,夺取了夏王太康的王位。商王朝建国后,与东夷斗争是贯穿始终的基本国策。《后汉书·东夷列传》记载,夏桀时统治暴虐,国力空虚,东夷各部趁机入侵犯内地。后来成汤变革天命,建立商朝,东夷暂时蛰伏。到商王仲丁时,蓝夷部落进犯内地。自这以后的三百多年,夷人有时归顺,有时背叛。武乙时商朝国力衰败,东夷逐渐强盛,于是诸部落分别迁移到淮河、泰山一带,渐渐在中原地区生活,但并不服从商朝的统治。彻底降服东夷,是商朝历代帝王的夙愿和商王朝长久以来的战略重心。

在攻打东夷的战争中,帝辛领导的商军占尽优势。夷人善用弓箭,射术高明。但商军在兵器技术上大幅领先夷人。商军的弓箭射程远,箭镞用青铜打造,精巧锋利,杀伤力大,能轻易破开夷人的防卫。而且商军的作战部队中甚至出现了极具震慑力的"象队",《吕氏春秋·古乐篇》:"商人服象,为虐于东夷。"大象身体沉重,皮肤坚韧,象牙锋利,在冷兵器时代,象队打击敌军士气,冲破敌军阵地,效果立竿见影,威力无可阻挡。可

商代玉象

以想见，当时殷人驱赶着大象，轻易地就冲垮了东夷的防线，冲散了东夷军队。东夷人有的丧命于大象践踏，有的被戳穿胸膛抛尸空中，溃败如山倒。

商军犹如秋风扫落叶一般，扫平众多方国，兵锋遍及济水和汶水东，一直打到长江下游，降服了绝大多数东夷部落。成千上万的东夷人成了帝辛的俘虏。为了永绝后患，便于迅速调兵镇压东夷的反抗，帝辛甚至修整了一条大路直通东夷。从此以后，中原和胶东半岛、东南沿海一带的交通大为便利，中原地区的农耕生产方式和青铜文化逐渐向东和东南传播，胶东半岛和东南沿海被纳入中国版图，中原和东部、东南部的关系逐渐密切，民族逐步融合。

因此，实事求是地说，帝辛是一位雄才大略、恩泽万世的雄主。郭沫若在一首诗里说："但缘东夷已克服，殷人南下集江湖，南方因之渐开化，国焉有宋荆与舒。"毛泽东对帝辛的评价也极高："其实纣王是个很有本事、能文能武的人。他统一东南，把东夷和平原的统一巩固起来，在历史上是有功的。"

但是对东夷旷日持久的征战和庞大的工程建设耗空了商朝的国力，商朝人民因连年征战负担极重，此时正逢气候由冷转暖，灾荒频仍，百姓的日子困苦不堪，民怨沸腾。而且帝辛对东夷地区仅仅是武力压服，对占领区的管理过于严苛，东夷族人心未附，更谈不上消化东夷成为商朝实力。"纣克东夷，而陨其身"（《左传·昭公十一年》），伟大的胜利成了王朝灭亡的导火索。长时间将战略重心放在东南，更为西部周国的崛起提供了天赐良机。

在姜尚等周国重臣的策动下，残余的东夷部落爆发了反对帝辛的叛乱。帝辛麾下能征善战的将军都投入平叛中，拱卫帝都朝歌的精锐王室内卫部队也大部分南下作战。朝歌城中只留下残兵弱卒和大量从各方国俘虏的奴隶、囚徒——这些本来都是商朝的敌人。准备已久的周武王得知帝辛大军尽出，国都空虚，防御能力极弱，尽起国内精兵突袭，于牧野对阵临时武装起来的奴隶和囚徒。商军临阵倒戈，朝歌内的部分商王室成员及大臣见势不妙，临阵叛变，打开朝歌城门引周兵入城，武王一战功成，帝辛自焚于鹿台。

帝辛死了，当然失去了编辑自己事迹、塑造自己形象、歌颂自己功德的权利。《论语》中子贡就说："纣之不善，不如是之甚也。"意思是纣的不善，并不像后世所说得那么过分！子贡认为后世把天下的恶名都归到他身上了。宋朝罗泌在《桀纣事多失实论》中也指出，帝辛大造宫室、建酒池肉林、宠信女色、囚禁贤人、残害人民等罪恶，与夏桀如出一辙，凡夏桀的罪恶就是殷纣王的罪恶，桀纣不分，都是出于后世文人的刻意塑造。其实所谓帝辛炮烙大臣、酒池肉林的说法直到战国末年才出现，就连被传说成是狐狸精转世的妲己也可能出自虚构。后世的纣王形象，外有敌人周朝诋毁，内有商朝大臣和神官们为保全性命、投靠新主的推波助澜，至战国诸子则纯凭一己之私的大肆渲染，最终定型为万恶之源。

最需要、最积极抹黑帝辛的力量，自然是他的生死仇敌周国。前文已述，周国王季与文王皆被商朝囚禁，王季更是惨死狱中，周长久以来即视商朝成为死仇。周武王即位后虽然为攻伐商朝做足准备，但帝辛积威极重，周武王畏惧极甚。《史记》《竹书纪年》《左传》等史书都清晰地记载了周武王对帝辛的这种畏惧心理。甚至到了牧野大战前夕，两军对垒之前，周武王仍战战兢兢不敢出战，在姜尚强迫下武王才不得已勉力出击，幸而克商。对商朝的仇恨和对帝辛的畏惧，使得周人不遗余力地诋毁、抹黑自己强大英明的对手，以激起同盟诸侯和自家将士同仇敌忾之情，减轻自己的畏惧和恐慌，树立周朝统治的合法性。

玻璃浮雕《牧野之战》

伟大而强势的君主积威极重，利益受损群体自然积怨极深，这部分人就是诋毁帝辛的第二股力量：神巫和商朝王族叛党。商人自汤起就信奉独一无二的至高神上帝。神权与王权的争斗，是商朝内部的主要矛盾之一。帝辛高祖武乙采取激烈的手段削弱神权。他命工匠做一个木偶，称之为“天神”，要与天神赌博。木偶当然不会赌，武乙便命一位臣子代木偶下注。武乙胜后，便当众肆意侮辱“天神”。他还命人用皮革做一个装满血液的

记载武乙事迹的甲骨

皮囊，悬吊空中，自己挽弓搭箭仰面射破皮囊，自夸射杀天神。虽然历经数代商王的努力，王权占据上风，成为主导的统治力量，但队伍庞大的神巫们不甘心失败，再三与王权对抗。至帝辛时，由于帝辛极为强势，神棍们无法在国内挑战他的统治，便勾结外敌，成为倒商的急先锋。这便是周武王宣布的帝辛罪状中"昏弃厥肆祀""弗敬上天""弗事上帝神祇，遗厥先宗庙弗祀""郊社不修、宗庙不享""慢慢鬼神"等等罪状的由来。

王族叛党有两种人：一种是王族反对党，一种是贵族。

前者以微子、箕子、比干为首，是帝祖甲礼制改革的牺牲品。商朝王位的继承方式最初是"昭穆"制，也就是"兄终弟及"。微子、箕子、比干都有继承王位的可能。尤其是微子，是帝乙的长子，帝辛的同母同父兄长，当时也确有部分大臣拥护他，称帝的可能性极高。但帝祖甲改革礼制，以嫡长继承制取代昭穆制。王位继承顺序是嫡长子、嫡次子、嫡三子等等，若无嫡子，才以庶长子、庶次子等年龄次序排列。微子出生时，他母亲只是普通妃子，并不是皇后，因而只是庶长子；帝辛出生，他们的母亲已经被立为皇后，所以帝辛虽是弟弟，却是嫡长子。当时以商朝太史为首的帝党坚持"有妻之子，不可立妾之子"(《吕氏春秋》，拥立了帝辛。微子自然不甘失败，但帝辛的智慧、勇力甚至相貌都远远强于微子，因此他不惜卖国求荣，"微子启，胶鬲与周盟"(《竹书纪年》)。帝辛对微子的一系打击、排挤，决非是昏庸而远贤亲佞，而是政治斗争的必然结果。通敌求生者的怨言当然成了帝辛的罪状。"昏弃厥遗王父母弟，不迪""力行无度，播弃犁老""崇信奸四，放黜师保；屏弃典刑，囚奴延士""醢九侯""脯鄂侯""剖比干""囚箕子"等等，不一而足。

周武王攻克朝歌后，微子携带着商朝传国祭器来到周军军营求见武王，他袒露上身，双手捆缚于背后，跪地膝进，左边有人牵着祭祀用的肥羊，右边有人拿着祭神时滤酒用的茅草，向武王请罪，向武王诉说自己远离纣王的情况，武王这才"复其位如故"。微子卑贱的投降保住了自己的荣华富贵，与后世"留取丹心照汗青"的烈士们相比，微子空有贤人之名，却风骨无存，奴色颇足。

比干

另一类人则是商朝贵族。帝祖甲的礼制改革，不仅确立了嫡长继承制，还加强了君主集权，废除了在王位继承和国家大事决策中的贵族公议制，使商王朝彻底消除了部落联盟的落后制度，踏上了从酋邦制向国家、帝国的进化之路。武乙一力打压神权，巩固王权，使商朝真正进入了帝国形态。然而，酋邦贵族和朝歌贵族们积累深厚，人数众多，实力庞大。商王朝的几代帝王不得不想方设法利用各种手段组建自己的王权架构。武功赫赫的中兴之主武丁，在启用囚犯出身的千古名相傅说时，为了避开贵族阻挠不得不借助于"先帝托梦"。帝辛时，神权、王权之间，帝权与贵族之间，执政集团与反对集团之间，重重矛盾交错难解，积重难返。帝辛任用外来人才——费仲、飞廉等，正能够避开帝国内部的利益纷争，强力推行自己政策，建构自己的独尊王权。费仲、飞廉离开自己的氏族服务于帝辛，这当然引起贵族们的强烈反弹。帝辛罪状中的"为天下逋逃主，萃渊薮""乃惟四方之多罪逋逃，是崇是长，是信是使，是以为大夫卿士""昵比罪人""以奸宄商邑"，便是由此而来。

与周人、神巫、王族、贵族们因政治需要而抹黑帝辛不同，战国诸子们"案往旧以造说"(《荀子》)，不惜扭曲史实来证明自己的政治主张。帝辛作为政治失败者，自然而然成了非常好用的反面典型——中国人无论如何是不会为遥远的失败者辩护的。为证明仁义重要，就举帝辛不仁不义的例子；为证明尚贤、用贤的重要，就举帝辛残害忠良以亡国的教训；为证明天命亡国，就制造帝辛"斮朝涉之胫""刳剔孕妇"的事例；为证明红颜为祸烈于洪水，就给帝辛配上一个苏妲己。为己之所需，将"想当然耳"的众多奇怪罪名都压给帝辛，这对战国诸子们和后世国人都已是习惯成自然的惯常做法。反正帝辛已是众恶之源，多泼一瓢污水又有何妨?"千年积毁"之下，帝辛终于变成了万恶纣王。不但中国如此，外国这样的事情也同样很多。比如著名的英王查理三世，在世时品性仁慈宽宏，抵抗法国入侵战死后，被抹黑成了众恶之首，强加上为霸占王位杀死自己的两个侄子等众多恶迹，至今在英国史书中仍被钉在耻辱柱上。

然而，帝辛最终还是亡国了，伟大君主沦为亡国之君的例子并不鲜见。周人终于踏入朝歌，获得了书写历史和歌颂自己的权利。《大雅·大明》和"《大武》六成"就是歌颂周武王肆伐大商成就的著名诗歌。我们先看《大雅·大明》："后稷之孙，实维大王，居岐之阳，实始剪商"(《鲁颂·閟》)，周人自古公亶父立国岐下之后，就以伐商为基本国策。至王季时代，伐商大计得以逐步实施，《大明》追叙王季、文王的事迹，直至武王伐纣的牧野之战，时序清楚，层次井然，具有广阔的的历史视野，俨然是王季、文王、武王三代的发展诗史。

《大明》全诗八章。第一、二、四、七章每章六句，第三、五、六、八章每章八句。句式的不同或许和表演时所配合的音乐相关，只是，这音乐没有流传下来，我们听不到了。

明明在下，赫赫在上。天难忱斯，不易维王。天位殷适，使不挟四方。

首章开篇赞颂天命，说天命难测，殷人失去的天命由周人来承担。为周人的克商大业披上了一层绝对正义的外衣。

挚仲氏任，自彼殷商，来嫁于周，曰嫔于京。乃及王季，维德之行。

次章歌颂王季与太任的婚姻。太任是商朝属国之一挚国的二公主，因此诗中说她“自彼殷商”。她从中原腹地远嫁来到周原，和王季在京都举行了盛大的婚礼。成婚后太任帮助王季推行德政，是丈夫的贤内助、好帮手。

大任有身，生此文王。维此文王，小心翼翼。昭事上帝，聿怀多福。厥德不回，以受方国。

“大”是“太”的通假字，大任就是太任。三章叙述文王的降生与德行。他小心翼翼、恭恭敬敬地努力侍奉上帝，德行光明磊落，这带给周人无数的福气。文王承受天命，周国的实力极速发展，众多方国都臣服于周。商朝国君帝乙为了笼络文王，怀柔周国，将自己的妹妹嫁给了他。第四章歌咏二人的婚姻是天作之合：

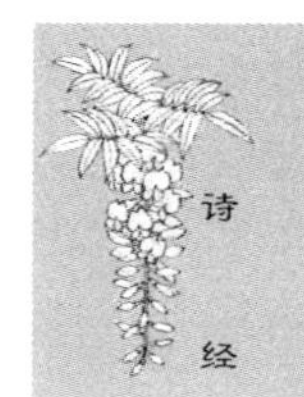

天监在下，有命既集。文王初载，天作之合。在洽之阳，在渭之涘。

上天明察天下，将天命集中于文王身上，就在他还年轻的时候，上天给他缔结了好姻缘。新娘是帝乙的小女儿，文王亲自来到洽水北面、渭水河边迎亲。

文王嘉止，大邦有子。大邦有子，伣天之妹。文定厥祥，亲迎于渭。造舟为梁，不显其光。

第五章紧接着描文王于渭水之滨迎娶帝乙小女儿的情景,“妹”并非指现代的兄妹之妹,在先秦是对少女的通称。这位公主貌若天仙,占卜结果也表明他们的婚姻很吉祥。文王喜洋洋地筹备婚礼,当时渭河上还没有桥,文王就造船相连做成浮桥,迎接新娘渡河而去。

《周易》中也记载了这次婚姻。《泰》卦六五说:“帝乙归妹。以祉元吉。”然而,文王和帝乙小女儿的婚姻其实并不顺利,结局也并不幸福。《诗经》中并未提及这方面内容,到是《周易》中有过只言片语,概述这次婚姻不为人知的另一面。《归妹》卦的爻辞分别言道:

初九:归妹以娣。跛能履。征吉。

九二:眇能视。利幽人之贞。

六三:归妹以须。反归以娣。

九四:归妹愆(qiān)期。迟归有时

六五:帝乙归妹。其君之袂,不如其娣之袂良。月几望。吉。

这五条爻辞大致完整地讲述了文王和帝乙之女的婚姻故事:帝乙将小女儿嫁给文王为妻,然而这位新娘的容貌其实并不美丽,她跛了腿,不过还能走路,眼睛差不多瞎了,不过尚能看到东西。帝乙其实心知肚明,商周联姻,在乎的并非一位女子的容貌如何,而是结婚双方的地位、身份如何。或许这位并不美丽的女儿地位较高,或许仅仅是将一位普通女子封为公主。无论如何将一位名号上的公主嫁给周国姬昌,完成政治联姻可以了——这正是后世王朝数不胜数的和亲行为的源头。按照当时的婚姻制度,帝乙还将两位漂亮的女子作为陪嫁的“媵”一起送往周国。文王姬昌在渭河边等待得心急火燎,他搭好了浮桥,渴盼着自己的妻子。在他想象中,这位“天女”美丽而善良,幽静而聪明,何况随着婚姻的结成,自己还能收获一个帝乙女婿的身份。然而行路艰难,新娘误了婚期,迟到了。可想而知,文王见到新娘后是多么的失望,他们的夫妻关系也并不和谐。其后,这位没留下姓名的正妻和年龄较小的一位“媵”找借口“大归”,回娘家之后不回周国了——她主动和文王离婚了,只有一位年长些的“媵”留在了周国。

于是,就有了《大明》第六章:

有命自天，命此文王。于周于京，缵(zuǎn)女维莘(shēn)。长子维行，笃生武王。保右命尔，燮(xiè)伐大商。

这一章说文王二婚，这次婚礼在周原之地京都举办，新娘是莘国姒姓公主，被称作“太姒”，也就是武王的母亲。其后第七章和第八章写牧野之战。

殷商之旅，其会如林。矢于牧野，维予侯兴。上帝临女，无贰尔心。

殷商调来大批的兵将，军旗树立如林。武王誓师在牧野，他说：“只有我们最兴旺。上帝正在监视你们众将士，你们要勇猛作战，不要有什么二心妄想!”

牧野洋洋，檀车煌煌，驷騵(yuán)彭彭。维师尚父，时维鹰扬。凉彼武王，肆伐大商，会朝清明。

牧野地势广阔，周人的檀木战车光彩照人，每驾车配备的四匹战马健壮雄骏。太师尚父姜太公亲临战场，在他的指挥下，周人摆开鹰扬战阵主动向商朝军队进攻。一战成功，晚上周军清扫战场，到黎明时分，彻底瓦解了殷商的抵抗，天下清平。

其实，周人能够克商，靠的并非绝对占优实力，机遇和运气同样重要。克商之前，周国历经王季、文王时代的迅猛发展，已经拥有了相当强大的实力，并完成了对商朝的战略包围。在北方，虞国和周国互为掎角。文王打败密须国和犬戎之后，占领了晋南。山西地势较中原高耸，周人已可由北向南俯视商人王畿。正东方向，文王驾崩前一年消灭崇国，兵锋已可直接威胁商国京畿西沿。在南方，经过文王儿子召公的拓展，江汉领域已为周人所掌控。由北向南，周国已对商国呈包夹之势。

以当时的地理而言，周人大约占据渭水流域，黄河中游的半数土地，再加上山西南部及江汉领域，商朝占据黄河下游、济水、淮水领域直至东海海岸。《论语·泰伯》说：“(周)三分天下有其二，以服事殷。”周国已经拥有了和商国相抗衡的能力。而此时商朝陷入对东夷的长期战争，国力消耗极巨。但是，就综合国力来说，商国依然远较周国强大。

有学者考证，文王时代的周国，人口大约有五万人。历代周王虽大力发展农耕，但就现有的考古发现来看，西周初期并未大量使用青铜农具，甚至也没有加装金属刃锋的农耕用具，较多使用粗糙的石器和骨器，农耕的生产水平并不高于商朝。对比商朝，据推测晚商时期商国的人口总数约略近七百八十万人，总体实力和战争潜力远非蕞尔小国的周可以比拟。

商朝军队庞大，据甲骨文记载，一次战事用兵可达三千人或五千人。武丁时期的卜辞记载武丁征伐羌人时动用了一万人，加上武丁皇后妇好的私兵三千人，共一万三千人之多。帝辛时期，商朝的常备军大概维持在十二万至十五万的规模，帝辛征服东夷，俘虏就多达十七万，商军实力可见一斑。

而经过三代人的积累，西周征商的武力，据《史记》记载有“戎车三百乘，虎贲三千人，甲士四万五千人”，这与商朝军队的数目也相差甚远。

就武器而论，商人已发明了制式战车。现在考古发掘出土的战车共七辆，其中六辆大小、形制、工艺完全相同。每辆车由两匹马或四匹马拉动，车上有三名战士，远攻用弓箭，当两车相错时则用戈、矛之类的长武器。一辆战车往往配以若干名随车的步军。每五辆战车为一组，分左、中、右三队，卜辞中“左右中人三百”的记载，或许是说一个作战方队就有三百人。

然而，武王伐商的时候，商朝主力军队基本都在东南镇压夷人反叛，留在朝歌的军队并不多，牧野一战时，周人所面对的正规军并不多，大部分是被临时武装和组织起来的东夷战俘和囚犯，在临敌兵力上周人确有优势。这对孜孜以求伐商的周国来说，正是天赐良机。

为了这牧野一战，武王的准备极为充分。

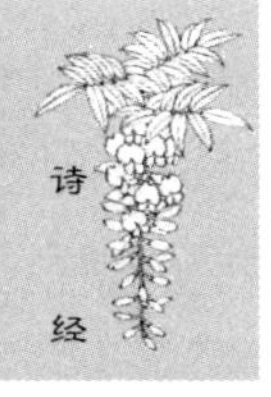

盟津观兵，八百诸侯

——《周颂·我将》

武王受命即位的第二年，在毕地祭祀了文王，然后出发向东来到达盟津，检阅部队的战备情况。盟津又叫做孟津，在黄河北岸，今河南孟县西南，是渡过黄河的天然优良渡口。

在盟津，武王为了增加号召力，制作了文王的牌位，用车载着，供奉在中军大帐中。武王自称太子发，以示讨伐商朝并非是自己擅作主张，而是奉了父亲文王之命。武王向司马、司徒、司空等高级官员训话说："大家都要严肃恭敬、认真地听着。我本是愚笨之人，没什么本领。但因为先祖有德，为我遴选了许多德高望重的贤臣，留下了灭商之势已成的大业。我承受先人未竟的功业，一定要完成。现在已制定了各种赏罚制度，来确保完成祖先的功业。"师尚父向全军公布军法说："整顿好你们各自率领的队伍，准备好渡河用的船只，把好船桨，如果有谁故意迟到一律斩杀。"

日本江户时代《毛诗品物考》绘周代战船

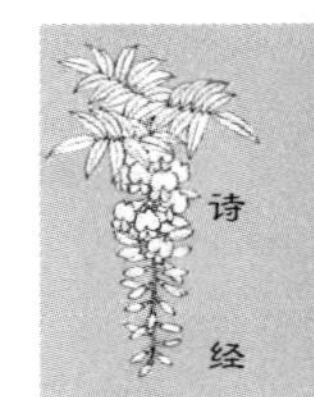

于是武王率军乘船渡河。船行至河中央，有一条白鱼跳进武王的船中，武王指着这条大鱼说："殷人崇尚白色，这是殷人自取灭亡的象征。"于是俯身抓起来用它做祭品祭天。大军渡过黄河后，有一团红色流星从天而降，落到武王住的房子上，随即不停转动，最后变成一只通体赤红的乌鸦，鸣声直达云霄。周国崇尚红色，乌鸦在先秦又被称作"孝鸟"，大家都说武王以文王之名号召、团结诸侯，演练军队上应天意，因此才会有红色乌鸦前来祝贺。当然，白鱼和赤乌的传说，在战国之后才开始出现，应该都是出于后人的杜撰。

这时候，诸侯们听到武王盟津观兵的消息，有八百多位不约而同来到盟津助阵。他们都说："纣可以讨伐了！"但武王说："你们不了解天命，现在还不可以。"这次观兵盟津，对周国来说是一次军事演习，一方面熟悉了路程和地形，考察了进军路线，做好此后大军渡河的布置；另一方面和诸侯定下盟约，约定此后会合的日期。

这两个目的达到后，武王就率领军队回去了。

《大武》"六成"的第一首《我将》正描写了这一历史事件。《大武》"六成"是六首一组的诗歌，具体是哪六首，历代众说纷纭。经过当代学者高亨考证，学术界的意见基本得以统一，认为是《我将》《武》《赉》《般》《酌》《桓》这六首。且看表现武王盟津观兵的《我将》：

> 我将我享，维羊维牛，维天其右之。仪式刑文王之典，日靖四方。
> 伊嘏(gǔ)文王，既右飨之。我其夙夜，畏天之威，于时保之。

《大武》的乐曲早已失传，不过其舞蹈形式则留下了大略的记录。表演《我将》时，先擂一番鼓，之后扮演武王的舞者先出场，他头戴冕冠，手持干戚，立于祭台中央。其余六十多位舞者则扮武士陆续上场，长时间咏叹。扮演武王舞者歌唱《我将》的诗句，只听他歌唱道：我把祭品献上，有牛又有羊，保佑我们吧，上苍!各种典章我都效法文王，盼着早日平定四方。伟大的文王，请尽情地享用祭品。我日日夜夜，敬畏上天的威命，保佑我大功告成。

这时殷商贵族中的有识之士企图挽救自己的国家，纷纷向帝辛进谏，结果比干被杀，箕子被囚禁，太师疵、少师强抱着乐器逃奔到周国，太师疵总结商朝国内的乱象：有人偷吃祭祀天地鬼神的祭品也不受处罚，贵族们随意增加赋敛，人民对贵族痛恨无比。微子也逃到了周国，他告诉武王，殷商的贵族们荒淫于酒色，作奸犯科不守法度，对于罪犯纵容不捉，殷商贵族内部已经分崩离析，纣王陷入了众叛亲离的地步。

武王认为伐商的时机成熟了，但是思想上还有顾虑，便询问姜尚，姜尚说："谗恶胜过忠良就是暴，贤者出走就是崩，百姓们不敢出言怨恨就是刑胜。殷朝已经乱到了极点。"武王还不放心，又问贤弟周公："天下人都以为殷商是天子，周国是殷商的诸侯。诸侯进攻天子符合道义吗？"没想到周公回答道："王兄你相信殷商是天子而周是诸侯，诸侯怎么可以进攻天子呢？当然不合道义了。"武王听到弟弟这么说，一片茫然，又问道："你似乎有未尽之言，依你之见，应该怎么办呢？"周公说道："臣听说：损害礼的称作贼，损害义的成为残，失去人民的成为匹夫。我们进攻的是残、贼和匹夫，哪里是进攻天子呢？"武王听了之后豁然开朗，不再犹豫。

于是武王向全体诸侯宣告说："殷王罪恶深重，不可以不讨伐！"

出兵前，武王照例命太史进行占卜。占卜的兆象显示大凶，于是有些人犹豫起来，乱哄哄地争吵成一团。这是，姜尚走出来，大声说道："殷纣王剖了比干的心，囚禁了箕子，任命飞廉、费仲这样的佞臣，讨伐他有什么不可？这些枯草骨头哪里知道吉凶！"说着用袖子猛力一扫，将龟壳、蓍草摔倒地上，踩得粉碎。姜尚如此决绝，众将都被震呆了，武王趁机传命三军立即发兵。周军共计战车三百辆，勇士三千人，披甲战士四万五千人，浩浩荡荡，东进伐纣。

清人绘风柏像

大军到达盟津准备渡河时，忽然乌云密布狂风大作，黄河水波汹涌浊浪滔天。武王左手拿着青铜大斧，右手拿着用牦牛尾巴装饰的军旗，怒目而视厉声大喝："我在这里指挥，谁敢阻挡我的意志！"武王这么一喝，似乎天地都被降服，乌云顿时散了，大风停了，黄河水也平复了下来。军队从容不迫地渡过了黄河，与各路诸侯成功会和。

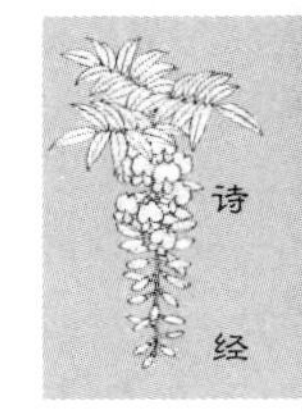

武王告诫大家说："要奋发努力，不能懈怠！"盟友全部聚齐后，武王在盟津誓师，作了《泰誓》三篇，向全体官兵宣告。大意是历数殷王纣的罪恶，纣王听任妇人之言，疏远他的亲族弟兄，又抛弃了他祖先传下的乐曲，谱制淫荡之声，扰乱雅正的音乐。抨击纣王嗜酒贪色，烧杀忠良，解剖孕妇，施行暴虐，残害人民，以致自绝于天，毁坏天、地、人的正道。所以，武王宣誓要恭敬地执行上天的惩罚。勉励军队和诸侯抓住时机推翻商朝。

誓师后，联军按照既定的路线前进。当到达河南温县的时候，突遭大雨，黄河一条支流的河水猛涨泛滥，漫过了河岸。大军涉水前行，行进极为艰难。好不容易通过温县到达怀城时，怀城的城墙因年久失修突然倒塌，幸亏武王命令军队加速前进避开了这无妄之灾。大军继续挺进来到现在的辉县东南共头山时，突发山体滑坡，稀泥和石头滚滚而下，万幸联军躲避及时，并未造成什么损伤。

然而，不祥的预兆接踵而来。联军快到商朝国都朝歌时，突然风雨交加，电闪雷鸣，大风吹断了武王车架上的军旗，掀翻了车盖，为武王驾车的一匹马也被雷电击中而死。联军一路来心中紧绷的那根弦终于断了，军队一片混乱。危急时刻，姜尚姜太公挺身而出，从容地将断掉的旗杆截断重新加固后竖起来，将被掀翻的车盖改装成弧形重新安上，再换上一匹马。然后，姜尚微笑着对将士们说："上天知道我们是奉天命来讨伐罪大恶极的纣王的，因此派遣风神、雨神和雷神前来迎接我们。风神吹掉我们的灰尘，雨神洗干净我们的甲兵，雷神给我们光照，给我们擂鼓加油。这是表示欢迎我们啊。"这时，周公配合着姜尚的话擂起战鼓。雄壮的鼓声催涨了士气，联军继续前进。

从一月二十六日癸巳出发于周国国都，历经二十五天，周国与诸侯联军终于在二月二十一日甲子夜中到达朝歌的南郊——牧野。

这一刻，商朝覆亡的命运已经无法更改了。

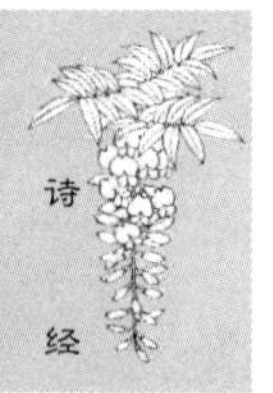

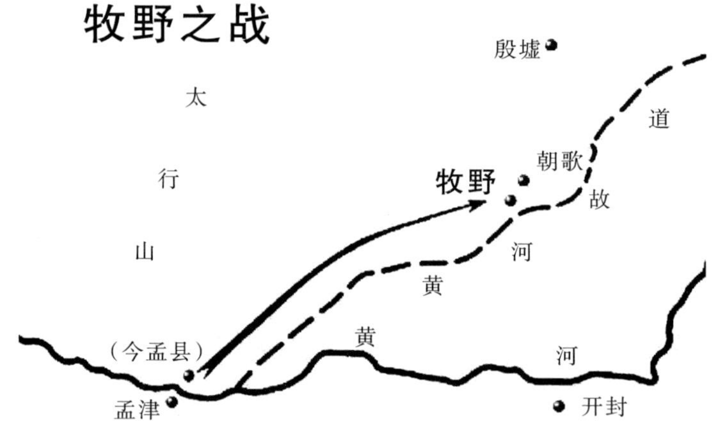

牧野之战示意图

倒戈助周,一夕灭商

——《周颂·武》

周军到达牧野后,未做休息连夜布置好阵势。黎明的光芒刚透出地平线,武王就来到军前,举行誓师,这篇誓词就是有名的《牧誓》。武王左手拿着黄色大斧,右手拿着饰以牦牛尾的白色旗帜,用来指挥军队。他首先问候将士们说:"辛苦了,西方来的将士们!"接着就发布动员:"啊! 我尊敬的友邦的国君们,诸位司徒、司马、司空、亚旅、师氏各卿大夫们,千夫长、百夫长各位将领们,还有庸人、蜀人、羌人、髳人、微人、彭人、濮人等我的盟友,请举高你们的戈,排开你们的盾,竖起你们的矛,让我们来发誓!"盟友和将士们都肃静以立,武王的声音高亢有力,他接着说:"古人有句老话:'母鸡不报晓。母鸡报晓,家业就会毁败。'如今殷纣王只听信妇人之言,废弃了对祖先的祭祀,放弃国家大政,抛开亲族兄弟不予任用,却纠合四方罪恶多端的逃犯,提拔、尊重、宠信他们,重用他们,让他们欺压百姓,为非作歹。现在我姬发恭敬地执行上天的惩罚。今天我们作战,每前进六七步就要停下来整理队形,一定要保持阵容整齐呀! 你们用戈向敌人砍过四五次、六七次,也要停下来整理队伍。只有保持队形整齐才能充分发挥武器的优势。努力吧,各位将士! 希望大家威风勇武,像猛虎一样威猛,像熊一样有力量,像豺狼那么狠厉,像螭龙那样灵活。不要阻止前来投降的殷纣士兵,要让他们帮助我们一定要努力呀,各位将士! 你们谁要是不努力,你们自身就将遭杀戮!"

武王立像

纣王听说武王攻来了,也发兵七十万来抵抗武王,也有人说商国兵力只有十七万。商国军队大部分布置在东南镇压东夷叛乱,此时组织起来的大部分是战俘、奴隶和囚犯。

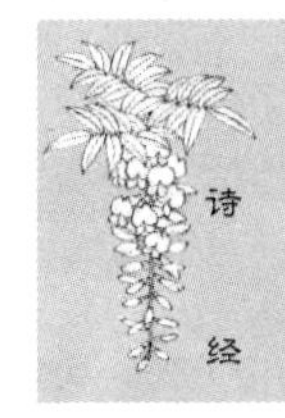

武王先派姜尚和一位百夫长前去宣战,然后率领大部队开始冲锋。只见周军没遭到什么阻拦就冲进纣王的战阵。原来,纣王的军队人数虽多,却都没有打仗的心思,尤其是那些奴隶们,反而盼着武王赶快攻进来,他们纷纷掉转头来,倒戈相向,攻击殷纣的军队,给武王做了先导。武王率领周国战车一番冲击,纣王的军队全线崩溃,背叛了纣王。武王抓住战机乘胜追击,经过一天的战斗,朝歌大门被攻破,周军和诸国联军攻入朝歌。

纣王见大势已去,逃回城中,登上平日寻欢作乐的鹿台。这时天已慢慢晚了,纣王穿好朝衣,将宝库中的玉石宝贝堆在自己身上,放火自焚而死。他的两个宠妃,也上吊自杀了。

绵延六百余年的煌煌大商,一夕覆灭!武王的一战而胜,《周颂·武》歌颂的就是武王灭商的不世武功:

于皇武王!无竞维烈。允文文王,克开厥后。
嗣武受之,胜殷遏刘(yì),耆(qí)定尔功。

诗中歌颂周武王的功业光耀灿烂,举世无双。不忘文王的文德高尚与开创基业之功。当然,周人再次表明,自己征伐商朝的目的乃是“遏刘”,也就是止住残杀,而非以暴易暴。这样,周人征讨殷商就拥有了大义之名,乃是正义之战。

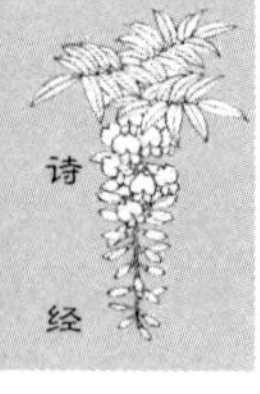

然而战争是残酷的,《史记》只是简单记载武王一夕定天下,但《尚书·武成》记载此战“流血飘杵”,血流得都能让木棍漂浮起来,可见战斗之残酷激烈。所以素来提倡仁义的孔子不免遗憾地感叹道:“《武》,尽美矣,未尽善也。”

西周肇始，百废待兴

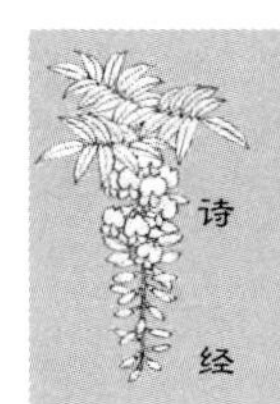

自20世纪安阳殷商代遗址出土大量卜辞后，我们对商代文化、社会、政治、历史乃至精神世界的研究，都有了可以依赖的材料。春秋时代的历史和文化有《左传》《国语》两部著作的记载，战国时期诸子百家对春秋时代亦多有回忆和论述，春秋人的事迹、风俗、制度都历历在目。反而是位处中间的西周颇为尴尬，西周上承殷商，下启春秋，是中国礼乐文明的奠基时代。然而，西周的文字史料只有《诗经》《尚书》中的某些篇章，和某些春秋史料中对西周的追述，以及金文铭文，比之商代和春秋远为贫乏。这使得《诗经》中的《我将》《武》《赉》《般》《桓》《酌》等诗篇，记载文王、武王的开国历史，尤为珍贵。

告诫诸侯，大封于庙

——《周颂·赉》

大败商军，纣王身死之后，武王和诸侯们举行了短暂的入城仪式。武王手持太白旗，感谢诸侯们对周国的大力帮助。诸侯向武王行跪拜行礼，武王则作揖还礼。随后，武王带领众位诸侯进入商都朝歌，商都的百姓都早已在城外等待着武王。武王命令群臣向商都百姓宣告说："上天赐福给你们！"商都人全都拜谢，叩头至地，武王也向他们回拜行礼。

进入城中，武王来到纣王自焚的地方，他先朝着纣王的尸体射了三箭，然后走下战车，又用轻吕宝剑刺击，最后用黄色大斧斩下了纣王的头，悬挂在大白旗上示众。再到纣王上吊自杀的两个宠妃那里，也向她们射了三箭，用剑刺击，用黑色的大斧斩下了她们的头，悬挂在小白旗上示众。这些事情，是象征着武王为自己的父亲、哥哥报仇。做完之后武王就出城返回了军营。

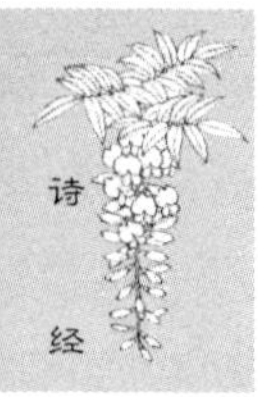

第二天，武王命人清除道路，修治祭祀土地的社坛、宗庙以及宫室，准备祭祀天地和祖先。到了祭祀时刻，一百名壮汉高举着旗带飘飘的云罕旗在前面开道，武王的弟弟叔振铎摆开了插着太常旗的仪仗车护卫两旁，周公旦手持大斧，毕公手持小斧，侍卫在武王两旁，散宜生、太颠、闳夭等诸位大臣都手持宝剑，簇拥、护卫着武王。

进入社坛后，武王站在社坛南大部队的左边，群臣都跟在身后。毛叔郑捧着月明之夜汲取的露水，康叔封铺好了公明草编就的席子，召公奭捧上币帛，师尚父牵着供祭祀用的牲畜。大家肃穆地静立在祭坛前，太史伊佚朗读祝文祝祷说："殷商的末代子孙季纣，完全败坏了先王的道德，侮慢鬼神，荒废祭祀，欺凌商邑的百姓。他罪恶昭彰，被天皇上帝知道了。"于是武王拜了两拜，叩头至地，说："周承受上天之命，革除殷商政权，接受上天圣明的旨命来治理天下。"武王又拜了两拜，叩头至地，然后退出。这样，周朝正式建立，西周、东周八百年的历史长卷就此展开。

建国之后，武王采取了一系列安抚人心的策略。他把殷朝的遗民封给商纣的儿子禄父，此举为处于惶恐不安中的殷朝遗民吃了一颗定心丸。因为殷朝其他地区刚刚平定，还处于王朝交接的动荡期，没有安定下来，武王命令他的弟弟管叔鲜、蔡叔度辅佐禄父，治理殷国遗民和原有疆域。其他一系列的命令包括命召公释放箕子，命令毕公释放被囚禁的百姓，表彰因进谏不纳而隐居太行山的著名大臣商容的家乡，以褒扬他的德行。

西周利簋

旌表商容的家乡后，有人来告诉武王说："商容听说您伐纣的消息后，已经从太行山回到了朝歌，那天在朝歌城外迎接您的百姓中就有商容。"武王一听喜出望外，急忙叫人准备马车拜访商容。见到商容后，武王陈说自己对商容品德与才行的仰慕之情，想请他做周朝的三公。商容却推辞道："我常与贫苦的人在一起，想要伐纣却没有能力，这是愚蠢的表现。我对纣的行为不去规劝反而隐居起来，这是胆怯的表现。愚蠢又胆怯，不足以担任三公啊。"武王再三劝说，商容很坚决地推辞了。人民听说后，都说商容是个能内省的君子。

武王争取殷遗民支持的命令还有很多，比如命南宫括将纣王收敛到鹿台仓库的钱财全部散发给人民，将钜桥粮仓的粮食赈济给贫弱的民众，命令闳夭修缮比干的坟墓等等。

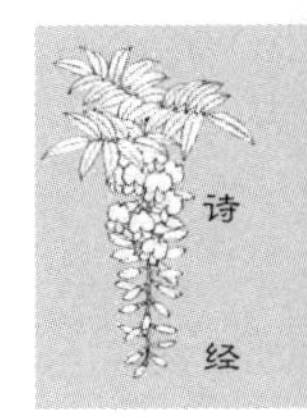

同时，武王经常访问商朝遗民，了解民心动向。一次，他听说某条巷子里住着一位德高望重的长者，就去拜访他，询问商朝灭亡的原因和周朝应该如何施政等问题。武王见到长者后说明来意，长者却说："您如果要知道这些道理，请明天中午再到这里来。"第二天，武王和周公早早地来到约定的地方，一直等到下午都不见长者踪影。武王很奇怪，周公说："我已经明白了。这位长者是一位君子，他不愿意说自己君主的罪恶，因此不来。至于言而无信，这正是商朝灭亡的原因，他用行动告诉您了啊。"

还有一次，武王接见商朝的两个俘虏，随口问道："商朝有妖怪么？"一个俘虏回答道："有，白天看见星星，天上下血雨，这就是我国的妖怪。"另一个接着说："虽然这是妖怪，但却不是最大的。儿子不听从父亲，弟弟不听从哥哥，国王的命令得不到贯穿执行，这才是大妖怪。"武王听到后很受震动，连忙站起来向他们拱手行礼，表示感谢和敬意。

然而，战胜殷商之后，周朝应该确立何种国家体制，是摆在武王和所有周初智者们面前的首要问题。显然，商朝神权和君权分立的老路走不通；君主独尊的政体在遍地方国，政局暂时不稳的条件下又无法推行。于是，依靠血脉联系和对周国的贡献，分封诸侯，拱卫周王就成了最现实的道路。

武王封建分为三个系列：一为以前历代圣王的后嗣，表彰并赐封神农氏的后代于焦国，赐封黄帝的后代于祝国，赐封尧帝的后代于蓟国，赐封舜帝的后代于陈国，赐封禹的后代于杞国。这就是“三恪”，恪是尊敬的意思。武王此举的政治目的，是用来团结有实力的异姓贵族，正如《论语·尧曰》所说：“兴灭国，继绝世，举逸民，天下之民归心焉。”

二为功臣谋士，劳苦功高的姜尚是第一个受封的，他的封地营丘，国号为齐。三为宗室同姓，武王的诸位弟弟中，周公旦被封在曲阜，国号为鲁，召公奭被于燕国，叔鲜被封于管国，叔度被封于蔡国。据晋代皇甫谧统计，当时分封诸侯国四百，兄弟之国十五，同姓之国四十。《周颂·赉(lài)》就是武王在分封时的告庙仪式上对所封诸侯的训诫之辞。《毛诗序》说：“《赉》，大封于庙也。”

文王既勤止，我应受之。敷时绎思，我徂维求定。时周之命，于绎思。

这首诗很短，但语重心长。武王说道：文王勤勉一生，我一定将他的德业继承。诸侯们要牢记，我只求天下太平。你们接受周朝的命令，啊，快好好地思忖。武王以殷商灭亡为鉴，思虑深远。在短短的六句中反复地告诫诸侯们要“绎思”。因此，孙矿评价此诗说道：“古淡无比，‘於绎思’三字以叹勉，含味最长。”诚得诗人之心。

普天之下，莫非王土

——《周颂·般》

争取人心和分封诸侯的同时，武王继续强力扫除商朝的残余势力。他同时派出了四路大军。

第一路由吕他率领，征讨商朝属国越戏方。越戏方在今河南巩义东南。三月初六即得胜还朝。

第二路是侯来率领攻伐陈。陈即后来的陈国，在今河南淮阳。三月十五日得胜归来。

第三路则由百弇率领虎贲军伐卫。此“卫”并非春秋时期的卫国，而是豕韦的韦，地处现在河南滑县南部，势力较强，因此武王特别派遣虎贲军征讨。百弇三月十八日出发，也很快就回来告胜、献俘了。

第四路兵马由三路大将共同率领，分别攻打相邻的三个地方：陈本率军伐厉，也就是春秋时的栎城，现在河南禹州；百韦攻打宣方，即春秋时候郑国的宛城，现在河南长葛东北；新荒率军攻打蜀，在今河南新郑西南，禹县东北。当时仍旧忠于商朝的残余诸侯正在此集结，准备联合抵抗周军，武王对这一路大军很重视，发兵最多。大军四月四日出发，四月九日，陈本和新荒即得胜还朝报告作战胜果，共生擒艾侯、霍侯、佚候及四十六位大臣，俘获战车八百零三辆。随后，百韦回报生擒宣方之君，俘获战车三十辆。

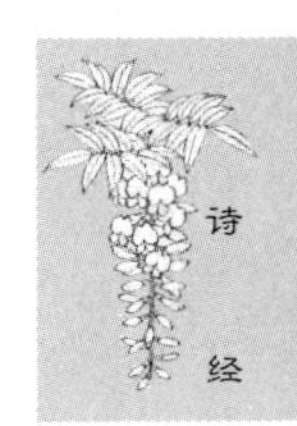

此后，武王派军多方征讨，共消灭九十九个国家，斩杀的首级超过十七万七千七百七十九，俘虏三十万零二百三十，还有六百五十二个诸侯表示臣服（《逸周书·世俘解》）。这些数字或许有些夸大，但灭商之后的一系列战斗之激烈，是令人震惊的。

利簋

武王还举行了多次大规模的军事演习，捕获了众多野兽，充分展示了周军的军事力量。

总之，克商之后，怀柔安抚与铁血攻伐双管齐下，武王终于在殷商的大地上站稳脚跟。《周颂·般》就记诵了武王平定叛乱、稳固周国的功绩：

于皇时周！陟其高山，嶞山乔岳，允犹翕河。敷天之下，裒时之对。时周之命。

全诗七句，不分章。诗人咏唱道：啊，辉煌的周朝，登上那巍峨的山顶，眼前是丘陵峰峦，沇水沈水部水与黄河共流。普天之下，所有周的封国疆土，都服从周朝的命令。正是一幅中国统一的景象。“般”即般乐，意思是盛大的快乐。平乱之后，天下太平，远方邦国悉来朝贺，自然要痛痛快快地庆祝一番。全诗语言非常凝练，使用了“高”“乔”“敷”“裒”等表示空间广大的修辞，用最能体现空间广大的山峰河流来象征、隐喻周王朝的国土之大。诗句虽短，却自有一种雄浑的气魄，也正因为短小，语义坚韧，更彰显圣王天下一统的恢宏之势。

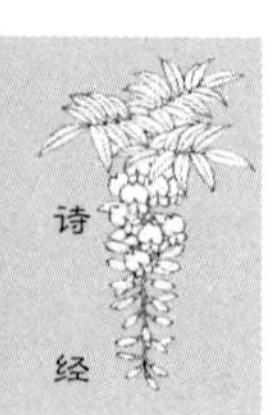

放马收兵，龙殡归天

——《周颂·桓》

一统天下之后，武王回到周都镐京，常常满腹心事，直到深夜都无法安睡。武王的弟弟周公旦来到武王的住处问安，武王说："告诉你吧：上天不享用殷朝的祭品，从我还没出生到现在已经六十年了，朝歌郊外野兽成群，遍地害虫。上天不再保佑商朝，才使我们侥幸取得了今天的成功。上天授命建立商朝时，曾经任用有名之士三百六十人，虽然说不上政绩光辉卓著，但也不至于灭亡，才使商朝维持至今。我怎么能使上天赐给周朝的国运永葆不变呢？这个问题困扰着我，哪里顾得上睡觉啊？"

周武王姬发

武王又说："我想要确保周朝的国运永远延续，要靠近天帝的居室，找出所有的恶人，像对待纣王一样惩罚他们。我要日夜勤勉努力，确保我们西方大本营安定平稳。我还要办好各种事情，直到功德照耀四方。从洛水湾直到伊水湾，地势平坦，是从前夏朝人定都的地方。我向南眺望三涂，向北遥望岳北，观察黄河的水势，察看了洛水、伊水地区，这里离天帝的居室不远，正是建都的好地方。"

随后，武王命人测量、规划洛邑，为在此修建周都进行准备。然后，武王将战马放养在华山南面，把拉辎重的牛放养在桃林区域，把武器收入武备库中，整顿军队然后解散。向天下表示，中国已经平定，武王不再用兵了。《周颂·桓(huán)》就是赞美武王安定天下的颂歌：

绥万邦，屡丰年，天命匪解。桓桓武王，保有厥士，于以四方，克定厥家。于昭于天，皇以间之。

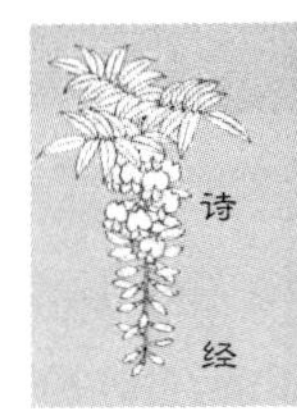

“桓”即威武之貌。全诗九句，不分章，就诗意而论可分为三层。前三句为第一层，提出天命归周，“万国和睦，连年丰收”就是证据。周朝以农耕立国，丰收与否往往决定了民心向背。而获得农业丰收必定依赖风调雨顺的自然条件，因此“屡丰年”便理所当然地成为天命所归的表现。

中间四句为第二层，歌颂武王和全体将士的武功。赞颂武王麾下将士有能力征服天下、保卫周室。“桓桓”二字简明而强力地形容武王之威武，“王”与“方”押韵，声调雄壮。“于以四方”则与首句“绥万邦”暗合，前者强调征服统治，后者强调国泰民安，周室君临天下的自豪感油然而生。

最后两句是全诗的第三层。诗人祷告上苍，请让天帝来作证，句意上也呼应了“天命匪解”。诗意的核心其实是宣扬军威，树立周天子的崇高权威。全诗语言雍容典雅，威严而和谐。

武王克商之后第二年，生了重病。这时，在周国南方和东夷地区又发生了叛乱。王室大臣们非常担心，都虔诚地进行占卜；周公旦也斋戒沐浴，祷告上天，希望为武王消灾除邪，还愿意用自己的身体去代替武王，并将祷文藏起来，从不宣扬。一番祈祷之后，武王病果然渐渐好了些。然后，这仅仅是回光返照，没过多久，在位只有六年的武王还是驾崩了。一代雄主，龙殡归天，享寿五十四岁。

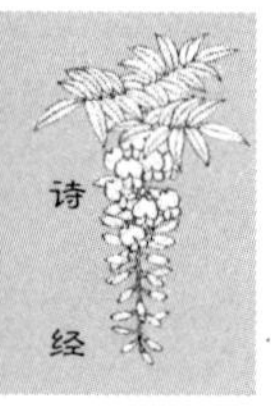

周公摄政，不失其圣

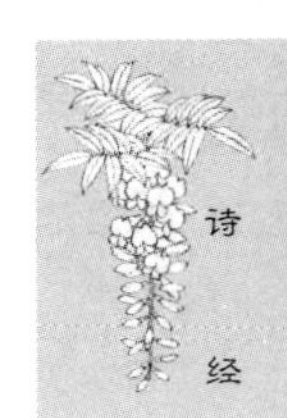

周公姓姬名旦，春秋以来，他被历代统治者和学者尊奉为圣人。《论语》中记载孔子说道："甚矣吾衰也！久矣吾不复梦见周公。"孟子首称周公为"古圣人"。《尚书大传》总结周公这一生的功绩道："一年救乱，二年克殷，三年践奄，四年建侯卫，五年营成周，六年制礼乐，七年致政成王。"因此汉初贾谊说："文王有大德而功未就，武王有大功而治未成，周公集大德大功大治于一身。"如此完美之人唯有周公一位而已。近人夏曾佑先生评价道："孔子之前，黄帝之后，于中国有大关系者，周公一人而已。"

可惜的是，正统史书中关于周公的记载大多淡然寡味。可喜的是，《诗经》存有大量与周公相关的诗篇，一位音貌鲜明、可亲可爱的周公跃然纸上。

滑稽公孙，德音不瑕

——《豳风·狼跋》

克商之后，百废待兴，政局未稳，武王却突然驾崩，而太子却还年幼，无法承担家国大政，武王就想传位于周公。武王去世前曾对周公说："姬旦！我诸位弟弟中你是最有智慧的，我要传命于你。你平时勤于政事，常常摆上食物也无暇进食，更不要说顾及家室了。现在上天使唤我，天地二神已经决定好了我的死期，但我却未能使国家平稳和美下来。我最近常常想到我们的家族成员，你虽然年轻，却有大智慧。从先皇到现在的君主贤人，你都能叙说他们的遗德，并能及时告诫我。我期待你智慧的言语，有时如同农夫耕地急于要得到收获一样。在我身上有很多不光彩不美好的行为，使皇祖们蒙羞无法高升到上帝那里。你这样的年轻人才能承继我的志愿，才能治理好我们广大的国家。只有这样我才安心。如果你心里只怀恋妻儿，德行就赶不上先祖，百姓也不会配合你，我也会羞于和众位祖宗并列。这样如果天不保佑，要降来灾祸，你怎能消除它呢？现在我们兄弟先后相继，你继承王位，我还用龟筮干什么？我现在就立你为继承人。"姬旦听了惶恐不安，流着泪连忙拱手施礼推辞。

南宋马和之绘《豳风狼跋图》(局部)

兄终弟及是商周传承已久的继承法，商王祖甲曾一度尝试废除此法而设立嫡长子继承制，但并未取得彻底成功。武王去世前，周国南方和东方时有叛乱，而武王的嫡长子姬诵当时刚刚十岁，远远不足以驾驭周初极为复杂的政治、军事斗争。因此，武王传位于长期参与决策、智慧过人的周公是最为明智，也并不违背礼制的做法。

然而，周公深知，一个国家能够绵延不绝，平稳而制度化的王位继承制至关重要。如果他继承王位，无疑会破坏刚刚建立的宗法制，为后世野心家夺位提供口实。为一己之私而坏周朝基业，深具大智慧的周公当然不会如此做。但在武王“天下未宁而崩”的危急时刻，只有深孚众望之人挺身而出才能稳定政局，此人非周公莫属。

封建时代的学者们囿于王位神圣正统的迂腐观念，好像周公称王就破坏他的圣人形象，往往否认周公称王。其实就现有的史料来看，周公确实一度称王。荀子说：“武王崩，成王幼，周公屏成王而及武王，以属天下，恶天下之倍周也。履天子之籍，听天下之断，偃然如固有之。”意思是武王驾崩后，由于成王年纪尚小，周公担心天下有人会背叛周朝，就撇开成王，继承武王的王位而统治天下。周公登上王位，处理天下大事，心安理得，好像这他本来就应该拥有这些权力一样。其他古籍如《淮南子》《尸子》等也都记载周公“履天子之籍”。其后，周公平定三监之乱、大封诸侯等，皆径自发布“王命”；《尚书》的《大诰》《酒诰》《康诰》诸篇章中的“王”，也是周公无疑。

《诗经》中《豳风·狼跋》，据说就是赞美周公称王执政的诗歌：

狼跋其胡，载疐(zhì)其尾。公孙硕肤，赤舄(xì)几几。

狼疐其尾，载跋其胡。公孙硕肤，德音不瑕。

《毛诗序》说：“《狼跋》美周公也。周公摄政，远则四国流言，近则王不知周。大夫美其不失其圣也。”认为是赞美周公并没有做出有失圣人之德的事情。然而，仔细体味诗歌，“狼跋其胡，载疐其尾”的比喻，却带着几分揶揄，并非全然“赞美”。当代闻一多先生指出，《狼跋》“是取着一种善意的调弄的态度”，极具慧眼。毕竟周公曾经推辞了武王传位之后，又撇开成王登上王位，确有失信之嫌。

全诗二章，每章四句。都是以老狼可笑的进退失态起兴，只见这老狼前行踩住自己脖子上垂下的松肉，后退又绊住尾巴跌倒在地。紧接着笔锋一转，两章都以“硕肤”来描写“公孙”的体态。“肤”即“胪”，意即腹前肥者，“硕胪”就是俗

周公旦

称的啤酒肚。这位公孙穿着赤舄，“舄”是一种用皮制作，装饰以丝饰，底中衬有木头的鞋子，形状与翘首的草鞋相仿。据闻一多先生考证，周人的冠冕、上衣、下衣和鞋子，在颜色搭配上有一定定法。公孙既然穿着红色的“舄”，则其上衣和帽子的颜色应是黑青，下衣则为橙红，还有耳旁装饰用的玉“瑱”、腰间的玉“佩”，都是白色。那么这位公孙“想象上一套强烈的颜色……再加上些光怪陆离的副件的装饰物，然后想象裹着这套‘行头’的一具丰腴的躯体，搬着过重的累赘的肚子，一步一步摇过来了”，这便是公孙的雅态，怎不令人忍俊不禁？——这或许还真是周公的真实样子呢！

明白了公孙的体态，反过头来体味“狼跋其胡，载疐其尾”的比喻，顿觉惟妙惟肖，非但摹其形，更显其神，真真令人拊掌绝倒。闻一多先生对此二句的阐发极为精彩：“一只肥大的狼，走起路来，身子作跳板状，前后更迭的一起一伏，往前倾时，前脚差点踩着颈下垂着的胡，往后坐时，后脚又像要踏上拖地的尾巴——这样形容一个胖子走路时，笨重，艰难，身体摇动得厉害，而进展并未为之加速的一副模样，可谓得其神似了。”

如果诗中的公孙真是周公的话，这样的调笑的确颇为不恭。然而，此诗以“德音不瑕”作结，意思是他的德行真不坏，这一下子就化解了贬义的揶揄，成了一种善意的“开玩笑”，消去了此诗讥刺的意味，使得全诗镀上了特有的幽默感。

“德音”在《诗经》中多见于“表明男女关系”，因此闻一多先生推测这首诗是一位妻子对体胖而性情“和易”“滑稽”的贵族丈夫开玩笑。然而，我们也知道，在《诗经》中男女关系往往是君臣关系的象征，和谐的夫妻关系，往往被用来比喻和谐的君臣关系。妻子幽默而有节度地给丈夫开玩笑，或许正是臣子善意地和摄政的周公开玩笑。这样一来，《毛诗序》所说“美周公之摄政”，或许并非空穴来风——只是要将此诗强扭成政治诗，阅读的乐趣就难保不荡然无存了。

叔侄同心，周公救乱

——《豳风·鸱鸮》

周公的执政道路从一开始就是以铁血铸就的，他首先面临的是兄弟的叛乱，史称三监之乱。原本颇为和睦的兄弟为争夺王位反目成仇、互相残杀，人伦天理丧尽，这是中国封建王朝难以避免的悲剧。原来，在武王的诸位弟弟中，管叔排行仅次于武王，若论兄终弟及的传承，管叔比周公更有资格。周公一直陪伴武王左右，参与重大决策，而管叔却被封到商朝遗民旁边，做一个监视的角色。管叔心中嫉妒、愤怒交加。于是，他联合同样被封在商朝遗民旁边做监视的弟弟霍叔、蔡叔，到处散布流言说："周公旦将不利于武王的嫡长子。"意思是周公将谋害成王。周公虽然光明磊落，但对流言也颇为在意。他即刻向同在国都的太公望和召公奭解释道："我之所以代理王位，是恐怕天下诸侯背叛周，怕我们失去已经取得的胜利成果。如果这样，我无法向先王们交代。太王、王季和文王三位先王忧劳天下，直到今天才有初步成功。武王英年早逝，成王年少，没有经验，我这样做是为了继续武王的遗志，完成周朝大业，没有私心啊。"然而，太公望和召公奭对周公的解释反应冷淡，没有表明态度。年少的成王对流言也十分相信，他说："周公现在暂时代理王位，等到时机成熟他就会真正替代我。"于是，摆出一副不合作的态度，对周公不理不睬。

周成王

真所谓三人成虎，贤明智慧如周公，也不由得担忧起来，唐代大诗人白居易曾作诗言道："周公恐惧流言日"，周公很怕流言给国家带来新的动荡。于是，在成王元年六月，下葬武王之后，以考察为名出走，悄悄来到了楚国丹阳避居于世，时间长达两年之久。据说为了表明心迹，周公写了一首诗送给成王，这就是《豳风·鸱鸮》。

鸱鸮鸱鸮，既取我子，无毁我室。恩斯勤斯，鬻(yù)子之闵斯。

迨天之未阴雨，彻彼桑土，绸缪牖户。今女下民。或敢侮予？

予手拮据，予所捋(luō)荼，予所蓄租，予口卒瘏。曰予未有室家。

予羽谯谯(qiáo)，予尾翛翛(xiāo)，予室翘翘。风雨所漂摇，予维音哓哓。

《毛传》说："《鸱鸮》，周公救乱也。成王未知周公之志，公乃为诗以遗王。名之曰《鸱鸮》焉。"其实细读这首诗，撞入眼帘的是一头孤弱无助的母鸟悲怆的呼号。

全诗共四章，每章都是以这只母鸟的口吻展开。

"鸱鸮"就是猫头鹰，这恶鸟刚刚洗劫了母鸟的危巢，攫去了嗷嗷待哺的儿女，正在高空得意盘旋。开篇即言"鸱鸮鸱鸮，既取我子，无毁我室"，正是母鸟突遭横祸时极度惊恐和悲怆的呼喊。母鸟本携带食物归来，它虽然劳累，但心中充满了希望，然而等待它的却是孩子被捉走，巢穴被打破。悲喜瞬间剧烈突转，彻底催破了它的心防。然而，即使毛羽愤竖却又能如何？哀怒交集、孤弱无依的母鸟，追望着恶鸟的身影，留下的只有"恩斯勤斯，鬻子之闵斯"的伤心呜咽。这呜咽自寥廓空旷的天空，穿过风高巢危的树顶，浓缩在短短的两行诗中，至今读来令人战栗！

然而，诗中看似孤弱的母鸟，却更有勇气直面存在之痛。丧子破巢的悲伤暂未消逝，它已于痛苦中重拾生存的希望："迨天之未阴雨，彻彼桑土，绸缪牖户。"它要趁着天晴之际，赶快修复破巢。第二章仍以母鸟自述的口吻展开，只见它飞上飞下，啄取桑皮，衔起桑根，将窗扇门户缚紧。一番忙碌之后，新巢筑好，母鸟自豪地宣告："今女下民，或敢侮予！"还有谁敢将我欺凌！

三、四两章都是母鸟辛勤劳作后的痛思，更是对自身命运无法把握的泣诉。"予手拮据""予口卒瘏""予羽谯谯""予尾翛翛"，身遭横祸的母鸟用痉挛的手爪采集茅草花；又蓄积干草垫在巢底，它累得喙角都张不开了，它的翅羽稀落，它的尾羽枯槁，再也没有往日的细密和柔润。

但是，它挣扎着修复鸟巢之后，幸福并未随之降临，悲痛却潮水般涌上心头：恶鸟的进犯还有凭借勇气抵抗的可能，"予室翘翘，风雨所漂摇，予维音哓哓"，这自然的狂风暴雨之威该如何抵御？小小的母鸟无抗天之力。诗篇结尾已经超越了一鸟一人之境遇，是在哀叹人类面对无尽自然，对自身命运无力把握的普世之情。从古至今,无论智慧超人、勇力过人的英雄还是身如浮萍的常人,都陷入这命运的掌控无法自拔。勇猛者,知其不可而为之,虽千万人吾往矣;柔弱者维音哓哓,只能如这母鸟一样垂首哀号——这是人类永恒的悲剧。

《鸱鸮》以鸟喻人,堪称中国寓言诗的鼻祖。如果周公真的曾经以此诗明志,那么就是将自己比作无力的母鸟,将成王比作予给予求的鸱鸮,风雨则是天命的象征,以此来表明自己不过是可怜的一只小鸟,请成王不要怀疑自己。

果然,周公的出走以及这首表明心迹的诗歌,对成王震动很大——居心叵测的野心家断断不会如此自作可怜。成王内疚无比,闷闷不乐,寝食不安。到了这年庄稼快要成熟的时候,忽然乌云密布、狂风大作、电闪雷鸣,庄稼都被吹倒在地,一些树木被大风吹得拔地而起。全国人都以为是上天来惩罚周国了。成王与百官身穿朝服来到周公的住处,没有找到周公,却找到一只用金丝包裹的盒子,打开一看,是武王病重时周公祈祷上天的祷辞。周公愿意自己替代武王死去,以此换得武王身体痊愈。成王深受感动,拿着祷辞问旁边的史官,大家都说这是真实的事,不过周公严令他们保守秘密,不得泄露此事。

至此,成王终于明白周公对武王和周国的事业一片赤诚,况且,如果周公真的有心觊觎王位,怎么会拒绝武王临终前的传位?成王越想越不对头,越觉得自己对不起叔叔周公,不由得抱着祷辞哭泣起来。好容易控制住哭声,成王对大家说:“今天的事情,没有必要卜问吉凶了。周公勤勉地为王家工作,我这个年轻人却不知道。现在上天降威来彰明周公的德行。我要亲自去迎接周公回来。”于是成王走出国都,准备亲自到楚国去迎接周公。这时,大雨停止了,风也朝反方向刮去,被风吹倒的庄稼奇迹般的重新挺立起来。太公和召公命人将被风吹倒的大树重新栽起来,用土加固。周公听到成王要亲自迎接自己,也从楚国回来,叔侄重归于好。周公正式开始称王摄政。

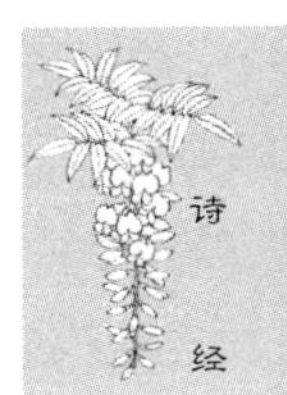

三监叛乱,周公东征

——《小雅·常棣》

成王与周公和好,周公称王摄政,这让管叔彻底失去了名正言顺继承王位的可能。于是他联合蔡叔、霍叔,勾结商朝遗民,招诱东夷的徐、奄、熊、盈、薄姑等国,发动叛乱,试图武力夺取王位,史称"三监之乱"。

"三监"为武王所设。克商之后,商朝贵族分布于朝歌的实力还很强大,为了加以笼络,武王将商朝王畿地区分割一部分出来,分封给纣王的儿子禄父。同时,将弟弟管叔、蔡叔和霍叔分封在商朝王畿周围监管禄父。自殷都以东为卫,管叔监之;殷都以西为鄘,蔡叔监之;殷都以北为邶,霍叔监之。这就是三监。

武王设三监虽然对监督殷商遗民起到了一定作用,但远未"镇服"他们。相反,却成为管叔顺利联合三监之力发动叛乱的根源。危急时刻,周公率领太公望和召公奭,挥军东征。战前,周国内部畏战情绪强烈,很多贵族、官僚甚至公然反对出征。他们的理由有二:一是人民不安定,二是参与叛乱的都是王室、诸侯甚至自己的亲属。周公用文王留下来的大龟进行了占卜,结果显示很吉利。他又以国王的口吻发布了檄文,指出:必须听从上帝的命令和占卜的结果;顺从天意,继续完成文王的大业;当前有明哲之臣辅助,可以确保胜利。对周公来说,最佳战略是先控制大局,枭平首恶,然后各个击破,于是平叛军沿着黄河南岸东进,直捣管蔡联军的老巢。

管叔和蔡叔的军队驻扎在管地,即河南郑州,准备向西攻打洛邑,即今洛阳。洛邑是中原战略重镇,武王去世前曾选洛邑为周朝东都,一旦占领洛邑,管叔即可称王。周公洞察了管叔、蔡叔的图谋,兵行神速,以迅雷不及掩耳之势在洛邑郊外击溃了管蔡联军。管叔眼见自己的军队土崩瓦解,失望之下自缢身亡。蔡叔被生擒,周公随后给他十辆车和刑徒七十人为随从,放逐了他。霍叔出兵较少,被贬为庶人,由他的儿子继任霍国的君主。《尚书大传》说:"周公摄政，一年救乱，二年克殷，三年践奄。”管蔡之乱已平，东征的第一阶段获得胜利。

虽然管叔、蔡叔叛乱天下，终至于自杀、被流放，但他们毕竟是周公的兄弟。眼见兄弟自相残杀，周公心中着实悲痛万分。他更担心的是，上梁不正下梁歪，如果天下之人看到上位者都能够疏远兄弟，也都纷纷去争夺利益而失去孝悌之心，那将遗祸无穷。于是周公写了《常棣》一诗，劝诫兄弟之间不可不亲，以此来端正天下之风俗。

《常棣》是《小雅》名篇，千百年来被当做歌颂兄弟友情的典范之作。全诗八章，从诗意上看，有四个层次，前四章为第一层。

常棣之华，鄂不韡韡(wěi)。凡今之人，莫如兄弟。

死丧之威，兄弟孔怀。原隰裒(xí póu)矣，兄弟求矣。

脊令在原，兄弟急难。每有良朋，况也永叹。

兄弟阋(xì)于墙，外御其务。每有良朋，烝也无戎。

诗人以棠棣花开繁盛，花朵光灿鲜艳起兴。常棣开花，往往两三朵彼此相依，由此诗人用以比喻兄弟之情。“凡今之人，莫如兄弟”，是议论和抒情并重的点题之笔。“兄弟者，分形连气之人也”(《颜氏家训·兄弟》)。兄弟血脉相连，形貌相似，在先民眼中，兄弟之情远比友情和爱情更重要。钱钟书说：“盖初民重‘血族’之遗意也。就血胤论之，兄弟天伦也，夫妇则人伦耳；是以友于骨肉之亲当过于刑于室家之好。……观《小雅·常棣》，‘兄弟’之先于‘妻子’，较然可识。”(《管锥编》)

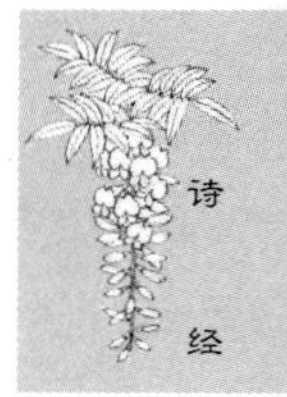

接下来的三章中，诗人通过三个典型情境具体申发“莫如兄弟”。二章写若遭死丧则兄弟相收；三章写若遇急难则兄弟相救；四章写抵御外侮则兄弟相助。

这三种情境的排列由“死丧”“急难”到“外御”，是由急而缓、由重而轻、由内而外。清代人毛先舒说：“《常棣》，俗笔必先从和乐叙至急难，便乏味。”(《诗辩坻》)这样的排列先声夺人，正表现出兄弟不顾急难、相亲相帮之情，具有强烈的审美效果。同时，诗人在每一种情境下都将“兄弟”和“良朋”加以对比，更见出兄弟之情的诚笃深厚。

第四章“兄弟阋于墙”是一个转折，省略了副词“即使”，即使兄弟内部发生口角争执，一旦遇到外侮，也会毫不犹豫一致对外。“阋于墙”与“外御其务”，两句之间没有过渡，情绪和行为猛然转变，有力地表现出兄弟之情的无私与深厚。

丧乱既平，既安且宁。虽有兄弟，不如友生。

第五章自成一层，诗人沉痛感叹，遭遇丧乱、外敌时候兄弟同心，但到了“安宁”时候，却是“虽有兄弟，不如友生”。可以共贫贱共患难，却不能共富贵，这是历史上多少兄弟、夫妻的沉痛教训啊。

傧尔笾豆，饮酒之饫(yù)。兄弟既具，和乐且孺。
妻子好合，如鼓瑟琴。兄弟既翕(xī)，和乐且湛。

六、七章为第三层。经历第五章短暂的叹息之后，重回欢乐。描写全家宴饮时兄弟团聚、妻子好合、琴瑟和谐的欢乐场面。他们摆上满桌佳肴，宴饮心满意足，处处祥和欢乐。

第七章中将“妻子”与“兄弟”相对比：“妻子好合，如鼓瑟琴”，仅仅是声调和谐；但是“兄弟既翕”，则“和乐且湛”。诗人似乎表示，兄弟之情胜过夫妇之情。

宜尔家室，乐尔妻孥(nú)。是究是图，亶其然乎？

末章中诗人现身直接告诫人们，要深思熟虑，牢记此理：兄弟和睦才能家室安宁，家室安宁才能夫妻和谐。并在末句反问道：此话是否在理？答案不言自明。

《常棣》一诗，将历史与现实、正例与反例融为一体，不空言道德，而是寓理于事，感人之至。兄弟亲情是人类的普世情感，更是文学的永恒母题。《常棣》情感真挚，读来历久弥新。

亲历东征，哀我人斯

——《豳风·破斧》

周公东征第一阶段胜利后并未停歇，率军渡过黄河北上，攻打禄父率领的商朝遗民势力。禄父看到管蔡叛军土崩瓦解，斗志全无，周军刚一追到就不战自败。禄父仓皇弃城逃窜，不久便被周军擒获，以反叛罪处死。打败殷人势力之后，周公打算继续东进征讨参与叛乱的东夷大国奄。随军的太史辛甲建议说："奄国实力强大，一时间难以攻下，不如先讨伐小国，再打击这些大国。"周公采纳了辛甲的建议，掉头南进，先后在南方打败虎方、贯、楚和录等淮夷六国，控制了淮河上游、长江中游和汉水流域。稳固南方之后，平叛军兵分两路，一路从淮河流域出发由南向北，一路由朝歌出发由西向东，全力讨伐东夷大国奄和薄姑。奄在现在的山东曲阜，薄姑在现在山东淄博一带。经过极其激烈的战斗，平叛军攻入奄国，杀死了奄国的国君，同时攻灭薄姑，将其国君流放到了远方。

周公东征耗时三年，很多战斗都极为艰难。《豳风·破斧》是《诗经》中唯一直接记载东征的诗歌。

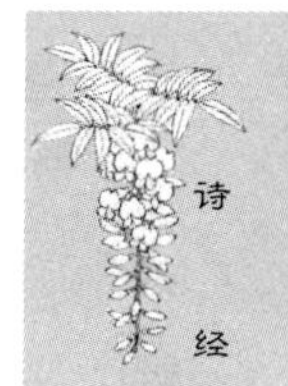

既破我斧，又缺我斨(qiāng)。周公东征，四国是皇。哀我人斯，亦孔之将。

既破我斧，又缺我锜(qí)。周公东征，四国是吪。哀我人斯，亦孔之嘉。

既破我斧，又缺我銶(qiú)。周公东征，四国是遒。哀我人斯，亦孔之休。

全诗三章，每章六句，每章仅调换第八、第十六和最后一字，形成复沓效果。各章结构也完全相同。一、二句写武器的残缺，这正是士兵在战斗中的亲身经历，斧、斨、锜、銶等都被砍得既残又缺，"既""又"之间连环相继，毫无停顿，战斗之激烈，士兵之出生入死，不言而喻，宛在目前。

三、四句写周公东征管、蔡、殷、奄四国，“皇”“吪”和“遒”的意思层层递进，简明表现了东征军以军威镇服四方，四国百姓深受教化心悦诚服，最后平定四国的历史进程。

五、六两句的意思有两说：一说认为是歌颂周公的仁德，周公哀怜士兵，是多么的仁贤良善，对士兵们是多么大的恩典啊；一说是士兵们庆幸自己经过激烈的战斗，尚能生还——其实二者并不矛盾。

全诗都以“我”来领起，士兵们现身说法，声调铿锵间蕴藏着哀叹，正所谓“慷慨有余哀”，反复咏叹之际，朴实的歌声足以撼动人心。

南宋马和之绘《豳风狼跋图》(局部)

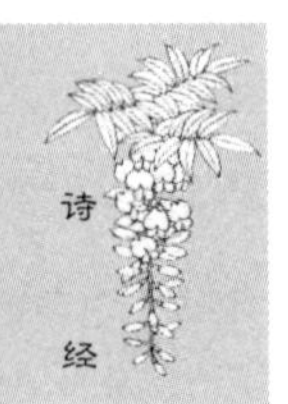

外患削平,得胜还朝

——《豳风·东山》

周公东征获得巨大胜利,此役的历史功绩,实不亚于武王克商。武王克商只是占有了商朝的王畿地区及其南国,大概包括今河南中部、北部,河北东南部。商朝晚期所开拓的广大东部和淮河流域,武王并未涉足。被纣王以武力压服的东夷各国反而趁商周换代之际,重新自立为王。同时,周以"小国"攻克商这一"大邦",难以控制"大邦"的局势,商朝的王畿贵族和地方贵族的实力还大部分保留着,这对新建的周国来说,无疑是一颗定时炸弹。

经过周公三年东征,消灭了周国内部的分裂因素,商朝遗民的实力被彻底击溃,攻克的东夷方国和部落被纳入周的直辖领地。可以说,正是周公东征胜利,周朝才基本完成了统一大业。东征三年,艰苦而漫长,将士们胜利还家时的喜悦难言。《豳风·东山》就是描写周公胜利还朝的诗歌。

此诗的作者向来有争议。《毛诗序》说:"《东山》,周公东征也。周公东征三年而归,劳归士。大夫美之,故作是诗也。"这是将著作权推给某个不知名的大夫,难以服人。朱熹《诗集传》以为"此周公劳归士词"。将作者认定为周公自己,却也未必。详察诗歌本文,实在是一首士兵东征归来,抒发思乡之情的诗。

各章前四句文字相同,"我徂(cú)东山,慆慆不归。我来自东,零雨其蒙",都是写士兵经过长久的渴望终于踏上归途中,遇到满天小雨,轻雾蒙蒙。在这沁人的潮湿和泥泞难行的道路上,铁汉们历经烽烟的傲骨被浸润得柔软细腻,再也无法压制的思乡之情和这漫天的细雨一样,温柔却无处可躲,细润却陷人至深。这四句在写法上和《小雅·采薇》末章著名的诗句"昔我往矣,杨柳依依。今我来思,雨雪霏霏"相类似,寓景抒情,情景交融,正如王夫之所说"以乐景写哀,复以哀景写乐,一倍增其哀乐"。

每章的后八句偏重于叙事和描写,从诗意看,大致可分为前后相继的两层。

我东曰归，我心西悲。制彼裳衣，勿士行枚。蜎蜎者蠋，烝在桑野。敦彼独宿，亦在车下。

首章先写主人公还乡途中悲喜交加的心情，“我心西悲”，不能一下子到家，这真是让人伤心呵。紧接着描写主人公着装的改变：终于可以脱下军装，穿上自己的家常衣服，再也不用时时咬着行军时的木棍。这归乡之路泥泞难行，主人公风餐露宿，好像一只孤零零的野蚕，晚上无处可依，只能将身体缩一团，睡在战车底下。野蚕的比喻意味深长：辛苦之余，终于能摆脱战争的威胁，回到广阔的田园桑林之中。路途虽然辛苦，自由的喜悦却孕育其中。

二章写主人公想象家园荒芜的景象：

果裸之实，亦施于宇。伊威在室，蟏蛸(xiāo shāo)在户。町畽(tuǎn)鹿场，熠耀宵行。不可畏也，伊可怀也。

栝楼藤上结了瓜，藤蔓爬到屋檐下。屋内潮湿爬满地虱，蜘蛛结网当门悬挂。主人公离家征战三年，见惯了田园荒芜、野兽出没、鬼火闪烁的景象，他唯恐自己的家乡也是如此，“近乡情更怯”，这担忧萦绕于心挥之不去。以哀景控诉战争的写法影响深远，如汉代乐府中《十五从军征》：“十五从军征，八十始得归。道逢乡里人，家中有阿谁？遥望是君家，松柏冢累累。兔从狗窦入，雉从梁上飞。”

末了，主人公只能安慰自己家园荒凉不可怕，——这是无奈之下的妥协：再荒凉都是家啊。

后两章着力谱写主人公对妻子的相思。第三章有推想妻在家中的情景：

鹳鸣于垤，妇叹于室。洒埽(sào)穹窒，我征聿至。有敦瓜苦，烝在栗薪。自我不见，于今三年。

他想象妻子在屋里整日叹气，每日洒扫房舍堵塞鼠洞，盼我早早回家。战争的残酷不单单在于刀光剑影之中生命瞬间消逝，还在于后方人民承受的钝刀割肉般的漫长痛苦煎熬，在于无尽相思和等待中生命如磨盘中的籽粒被碾平、磨碎，直至成灰。主人公更想象妻子看到新婚洞房时对剖两半的葫芦，然而新婚的滋味还萦绕指尖，主人公即随军出征，这葫芦撂在柴堆上布满灰尘——定神一算，到今已三年了啊。这章不直说丈夫思念妻子，反而推想妻子思念丈夫，丈夫和妻子的思念交相辉映，思念之情何止倍增！此种手法绵远流长，如杜甫的《月夜》："今夜鄜州月，闺中只独看。遥怜小儿女，未解忆长安。香雾云鬟湿，清辉玉臂寒。何时倚虚幌，双照泪痕干。"

同样是借妻子相思自己，倍言自己相思妻子之意，情深意切，惊心动魄。

末章主人公的回忆更向前追溯：

仓庚于飞，熠耀其羽。之子于归，皇驳其马。亲结其缡，九十其仪。其新孔嘉，其旧如之何？

这是主人公举行婚礼的情景，婚礼正值春光缭绕之时，那天漂亮的黄莺在屋旁盘旋、飞翔，主人公跨着白色的骏马，意气昂扬地前去接亲。丈母娘为新娘子结上佩巾，把心里话嘱咐又叮咛。一切的一切，都是那么甜美幸福！然而，新婚便即分离，这三年来，我已尘满面鬓如霜，她这三年的孤独难当。"其新孔嘉，其旧如之何？"新婚甭提有多美，重逢又该怎样？对于即将到来的重逢，诗中问道"其旧如之何？"大大的问号留下一个大大的悬念，也留给读者无限的遐思。或许，这期待已久的重逢只能是"相顾无言，唯有泪千行"吧。

《东山》可能是《国风》中最富想象力的诗歌，幻想和推测家园的残破，猜想妻子的行为和心理，再现和追忆新婚情景，主人公的思念之情从各个方面被无穷放大，诸多情感交糅杂陈，历经千载的沉淀发酵，反复咀嚼沉吟，怎不令人潸然泪下？

周公东征，得胜还朝。自此之后，周朝内政清明，外无强敌。其后周公营造宗周再建国都，大封诸侯屏卫王室，制定礼乐教化天下，屹立于中国大地近八百年之久的伟大王朝于斯成型。

外征戎狄，匡扶海内

武王克商只是完成了万里长征第一步，枪杆子里打出的政权在其初生时，必然要以枪杆子来保卫。环顾周朝四周，玁狁侵擦如火，东夷叛乱之心不死，荆楚时叛时降。“入则无法家拂士，出则无敌国外患者，国恒亡。”周朝君臣与将士们保家卫国的努力从未停止。“生于忧患而死于安乐”，从《采薇》到《出车》再到《无衣》，我们看到的不单是战争史，更是周朝人民时刻处于忧患之中的鲜活的心灵史与情感实录。

曰归曰归，雨雪霏霏

——《小雅·采薇》

周公扫平三监之乱后，周王朝的统治逐步稳固下来。然而，正如孟子所说："出则无敌国外患，国恒亡！"国家一旦没有了外敌，其国民往往会自高自大，国家发展停滞不前，埋下灭亡隐患。周王朝的外患从未停止，与周边少数民族的生死战争从未消停。公元前1032年，周成王亲征淮夷，三年而胜；公元前996年，周康王攻伐鬼方，大获而归，开创了"成康之治"；公元前980年，周昭王攻伐荆楚，二十六邦国不战而降；公元前977年，昭王重征荆楚，不过这次结局完全不同，昭王南渡汉水时，当地人民把一艘用胶水粘成的漂亮大船献给他，昭王得意扬扬地坐上船，行至汉水中央时，胶水溶化，昭王落水溺死，骄兵必败，周军主力丧尽，留下"昭王南征不复"的叹息。其后中国历史上最富传奇色彩的周穆王即位，直至公元前827年周宣王即位，一百五十年间共六位帝王，对东夷、南夷、猃狁、犬戎、徐国等少数民族和方国攻伐不断，大型战役九次，小战及零星战斗不计其数。纵观西周的历史，战争的硝烟从未消散。

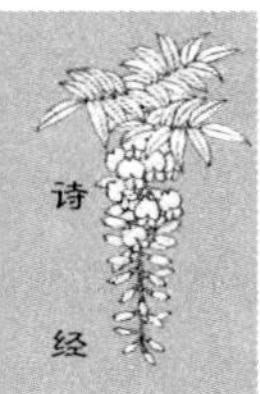

然而，连年征战几乎耗尽了周朝国力。到了周厉王时，为了聚敛更多财富以应对王室日益严重的财政危机，更为了自己奢靡享乐，他将山林川泽的收益都收归王室，禁止国人打猎捕鱼。很多国人失去了收入来源，生活难以为继，国内怨恨之情沸腾。厉王不思悔改，更从卫国招来巫师监视国人，有议论厉王的就杀掉。高压之下，国人们在路上遇到了连话都不敢说，只敢互相看看就算打了招呼。厉王知道国人们连话都不敢说了，反而得意扬扬，以为自己消除了诽谤，天下太平了。几年之后，忍无可忍的国人们不堪压迫，起义攻打厉王。厉王狼狈地向东北方逃跑，到了彘(zhì)地，也就是现在山西霍州市南部，觉得国人不可能追上他了，才敢停来，最终病死在那里。

国人起义时，周厉王的太子静担心国人将满腔怒火发泄到自己头上，逃到召穆公家避难。召穆公是周初名臣召公奭的后代。国人包围了他的住所，几经劝解都不肯散去。无奈之下，召穆公忍痛命自己的儿子穿上太子静的衣服，冒充太子将他送出门外。愤怒的国人一见“太子”出来了，不分青红皂白就是一顿痛打。可怜昭穆公的儿子就这样怨赴黄泉。

经此一乱，诸侯们和周王离心离德，不再前来觐见朝拜，周王室实力大损。长期被周朝压制的少数民族趁此机会积聚实力，频繁进犯边境，掠夺财富，杀伤人民。其中为祸最烈的，当属猃狁，也就是我们后来熟知的匈奴。

太子静受召穆公庇护，直至成年后继承君位，即周宣王。甫一即位，他就下令修复公室祖庙，广纳谏言，安顿国人百姓；整顿军备，修缮武器。他还效法文王、武王、成王、康王等历代英明君主的遗风，发展农耕，休养国力；任用召穆公、仲山甫、尹吉甫、虢文公、申伯、韩侯、显父、仍叔、邵穆公、张仲等大批贤臣。朝政平稳，四五年内，国力大涨。就在此时，公元前823年六月，猃狁再次进攻周朝，主力部队集中于焦获，也就是现在陕西泾阳县西北，前锋部队越过泾阳，兵锋直指周朝都城。此实生死存亡之战，周宣王命尹吉甫率军反击。

尹吉甫率领元戎十乘为先锋，奇兵神速突进，在今陕西白水东北击败猃狁先锋部队，乘胜追击，至今甘肃平凉附近大胜猃狁。紧接着周宣王又派南仲率兵巩固朔方边境，筑城设防，暂时缓解了猃狁的威胁。经过长时间的休养生息，周国国力逐渐恢复，公元前816年，周宣王主动出击，命虢季子白率军攻入猃狁领地，在洛水北岸大败猃狁，斩首五百人，俘获五十人。虢季子白在班师回朝举行献俘礼时，又命属下不其率兵追击败退至洛水的猃狁，取得胜利。此战过后西周基本消除了猃狁之患。《诗经》中记载周军对抗猃狁的诗歌颇多，《采薇》就是其中最著名的一首。

《采薇》全诗六章，每章八句，从诗意上看，可以分为三个层次。前三章为第一层。

采薇采薇，薇亦作止。曰归曰归，岁亦莫止。
靡室靡家，猃狁之故。不遑启居，猃狁之故。

采薇采薇，薇亦柔止。曰归曰归，心亦忧止。
忧心烈烈，载饥载渴。我戍未定，靡使归聘。

采薇采薇，薇亦刚止。曰归曰归，岁亦阳止。

王事靡盬(gǔ),不遑启处。忧心孔疚,我行不来!

这三章以士兵的口吻写出,直叙思归之情与无法归家的原因和痛苦。“薇”是一种野菜,可食用。周初名士伯夷、叔齐就曾采薇而食。他们本是商末孤竹国的王子。孤竹国王生前立叔齐为太子。国王去世后,叔齐想将王位让位给兄长伯夷,于是自己出走,避世而居,伯夷也不愿做国王,随后也出奔在外。后来兄弟二人在路上相遇,听说周文王善养老幼,德行高洁,就一起投奔周国。文王驾崩后,武王继承文王遗志兴兵讨伐商纣王。伯夷和叔齐认为诸侯伐君即为不仁,极力劝谏。武王决意灭商,自然不听从二人的谏告。伯夷、叔齐对武王伐纣嗤之以鼻,誓死不愿做周的臣民,不吃周的粮食,隐居在首阳山上靠采摘薇菜为生,冬天大雪茫茫,薇菜枯萎,二人饿馁而亡。

南宋李唐绘《采薇图》

薇菜也是士兵们的日常食物。前三章每章开头的“采薇”既是起兴,又是赋体,看似随手拈来,却是口头语眼前景,暗示着出征在外补给困难,士兵不得已采摘野菜而食,真切地反映了出征士兵生活之艰苦。“作止”“柔止”“刚止”三个词,形象地描绘了薇菜从芽头微露,到甜美柔嫩,再到茎叶老硬难嚼的生长过程,这一过程配合着“岁亦莫止”和“岁亦阳止”的时间流逝,征伐过程之漫长直落眼底。物换星移,岁初即“曰归曰归”,但直至岁暮犹不见归程。战场上士兵们朝不保夕,时时有生命之虞,怎能不“忧心烈烈”?

这三章的前四句,伴随着时间的流逝以重章叠词反复咏,抒发思归之情。思归是因为不归,这些士兵为何难归呢?三章之中每章的后四句都和前四句一一呼应,宛若对唱。远离家园,是因为猃狁为患猛烈;饥渴难熬,是因为战事相逼;无暇休整,是因为行军不定。究其根本原因,则是外敌猃狁侵犯我国土,杀伤我人民。这样一来,前三章的前后两层,恋家思归的个人之情和保家卫国的庄严责任相互交织,同时呈现读者眼前。然而,有家才有国,出征卫国是为了自己家园安乐，这两种感情看似矛盾，实则一体两面。

南宋马和之绘《小雅鹿鸣之什·采微》(局部)

彼尔维何？维常之华。彼路斯何？君子之车。
戎车既驾，四牡业业。岂敢定居？一月三捷。

驾彼四牡，四牡骙骙(kuí)。君子所依，小人所腓(féi)。
四牡翼翼，象弭(mǐ)鱼服。岂不日戒？猃狁孔棘！

四、五两章为第二层，写意画一般勾勒出征场景，情感基调由忧伤中略带埋怨的思归之情，转为雄壮、自豪。这两章重点勾画了两个场面。“戎车既驾，四牡业业”，只见华丽的兵车已经起行，四马拉车气势雄壮。窥一鳞爪可见全貌，这两句虽只描写了军官的战车和战马，但军容之威武、士气之高昂如在目前，战斗的结果自然是“一月三捷”。

五章紧接着勾勒战争场面。在将帅的指挥下，士卒们紧随战车冲锋陷阵，“驾彼四牡，四牡骙骙。君子所依，小人所腓”。紧接着，诗歌笔锋一转，由写意的战斗描写转到对将士的装备的白描，“四牡翼翼，象弭鱼服”，战马训练有素，武器精良，自然战无不胜。“岂不日戒，猃狁孔棘”两句暗示前文所描写的战斗已经胜利，但胜而不骄，士兵们时时保持警戒。这两章短短十六句无法详细描绘出征和战斗的全过程，细细读来文笔颇有跳跃。但战车、战马、将帅、士兵、武器和猃狁等关键词，搭建出了庞大的想象空间，读者们正可以大胆发挥想象去填空、补充。

昔我往矣，杨柳依依。今我来思，雨雪霏霏。
行道迟迟，载渴载饥。我心伤悲，莫知我哀！

末章则是第三层，短短八句千百年来被人们推崇备至。南朝宋刘义庆《世说新语·文学》篇记载："近代谢公因弟子聚集，问《毛诗》何句最佳。谢玄称'昔我往矣，杨柳依依；今我来思，雨雪霏霏'。……谓此句偏有雅人深致。"清方玉润《诗经原始》也说："此诗之佳，全在末章。真情实景，感时伤事。别有深意，不可言喻，故曰'莫知我哀'。"

这章中，士兵从对战争的回忆中缓过神来，却随之陷入更深沉的悲伤之中。他想到自己出征时正值春光灿烂，杨柳随风微舞，似乎不舍得他离开家乡；而现在战争终于结束，他踏上归途却已是深秋，雨雪霏霏不止寒意透骨而入。清王夫之认为："'昔我往矣，杨柳依依；今我来思，雨雪霏霏'。以乐景写哀，以哀景写乐，一倍增其哀乐。"这雨雪铺满天地，广大无际，无处可逃无可躲避，主人公想要蜷缩起来舔舐自己的悲痛亦无可能。

这景物描写更深蕴着存在之痛。"今"和"昔"、"来"和"往"、"雨雪"和"杨柳"等字句毫无缓冲的冲突、对撞，让我们感到个体生命的流逝与虚耗，在无穷无尽的时间里，能算得了什么呢？在无比广大的自然面前，个人的苦难即便痛彻心骨，又能占据个什么位置？在人类存在的永恒困境面前，"行道迟迟，载渴载饥"，道途漫长险阻，身体饥渴难耐，不过是无比渺小的一点儿微尘而已。正是这样的渺小感，才令人不由得"我心伤悲"，人生天地之间，任何良善而敏锐灵魂都会感受到这种逃无可逃的存在之悲，这种伤悲无人可诉，无人分担，真是"莫知我哀！"

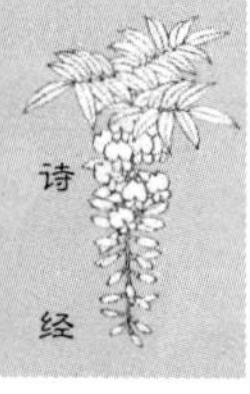

这最后一章的写法屡为后世诗人模仿，曹植"始出严霜结，今来自露晞""昔我初迁，朱华为希；今我旋止，素雪云飞"，杜甫"去时里正与裹头，归来头白还戍边"，颜延之"昔辞秋未素，今也岁载华"等等，莫不祖绍于此。绝世文情，万古常新，今人读此《采薇》仍不免怦然心动，黯然神伤！

我出我车，南仲赫赫

——《小雅·出车》

《采薇》一诗以普通士兵的口吻泛写出征猃狁、勇战得胜和悲怆归家的历程，不具姓，不点名，因此获得了“人同此心，心同此理”普适性。同是描写抗击猃狁，《出车》则满腔热情地明确歌颂统帅英明的南仲。南仲是宣王的卿士，相当于天子的执政官，总理朝廷政事，位高权重，威名赫赫。《采薇》是士兵思归的哀诗，《出车》则是南仲的赞歌。

全诗六章，每章八句，可分为两层，前后三章各为一层。《出车》并未正面描写战争场面，绵延数年、转战千里的战争被压缩在战前准备和胜利归来两个典型场景中。

我出我车，于彼牧矣。自天子所，谓我来矣。
召彼仆夫，谓之载矣。王事多难，维其棘矣。

我出我车，于彼郊矣。设此旐(zhào)矣，建彼旄(máo)矣。
彼旟旐(yú)斯，胡不旆旆(pèi)？忧心悄悄，仆夫况瘁。

王命南仲，往城于方。出车彭彭，旂旐央央。
天子命我，城彼朔方。赫赫南仲，猃狁于襄。

前三章描写战前准备。场景刻画与心理描写宛若二重唱，交错叠加。首章以南仲的口吻自道。他自天子所居领命而出，来到将士待命的牧地军营，传令召集驾车武士。国家多事多难，战事十万火急。句意层层逼近，从“出车”“到牧”到“传令”“集合”等动作奔涌而出，毫不停息，战前紧急动员的场景扑面而至。

第二章紧接着写召集令下，兵车集结完毕，南仲誓师城郊。他插下龟蛇大旗，树起干旄大纛(dào)。鹰旗龟旗交错，在风中猎猎作响。古代行军作战，军旗是军心所在，诗人深明此义，借描写军旗象征军队士气旺盛，气势凛然，军威强盛。不过末句则以“忧心”和“况瘁”做结，恰到好处地写出士兵焦急紧张的心理。这说明周军上下并非一味盲目乐观，而是做好了长期艰苦战斗的准备。

未虑胜，先虑败。第三章，周王传令南仲，前往朔方筑城。周军步步为营，绝不贪功冒进。据城为守，周军就有了进可攻退可守的根据地，战略空间大为拓展。紧接着，诗歌重写军容之盛，只见周军兵车众多，战马强壮，旗帜鲜明招展。南仲威仪不凡，在他的指挥下周军犹如秋风扫落叶般扫荡玁狁。

南宋马和之绘《小雅鹿鸣之什·出东》(局部)

前三章既描写了气势恢宏的郊牧誓师和车马如龙的野外行军，又刻画了细致入微的心理活动，浓墨重彩的外在描写与精细勾描内在铺陈相辅相成，令人激赏。后三章越过具体的战争过程，直接描写凯旋后的情景。

昔我往矣，黍稷方华。今我来思，雨雪载途。
王事多难，不遑启居。岂不怀归？畏此简书。

喓喓(yāo)草虫，趯趯(tì)阜螽。未见君子，忧心忡忡。
既见君子，我心则降。赫赫南仲，薄伐西戎。

春日迟迟，卉木萋萋。仓庚喈喈(jiē)，采蘩祁祁。
执讯获丑，薄言还归。赫赫南仲，玁狁于夷。

第四章士兵直抒胸臆，现身歌唱道：国家多灾多难，我们才没有心情闲居在家。先前我出征之时，黍苗和稷苗正青青可人，今日凯旋，却是大雪落满路途。第五章则以思妇的口吻借景抒情，已经初春了，只听那草虫咕咕叫，只见那蚱蜢蹦蹦跳跳。没见到想念的人，内心忧思萦绕。见到想念的人，心中郁闷即刻全消。幸亏威风凛凛的南仲，将那西戎打跑。末章则回归士兵的视角，寒冷的冬天已经过去，艰苦的战争也已胜利，紧张的出征已经远去。花木丰茂葱郁，黄鹂唧唧歌唱，女子们采蒿欢聚。慵懒的春光、迟迟的春意让士兵们感叹和平生活的美好，他们押着俘虏审讯完，高高兴兴回家去。

诗的后三章回避了战争的具体过程，避实就虚，选取冬日、初春和仲春三个时间点，配合归途、家中和朝堂外三个典型地点，构造了"蒙太奇"式的场景转换，这远比费时费力地正面描写更加细腻，也更感人。

通观全诗，家国之情和个人之思参差写出，宏大叙事和细腻抒情井井有条，语言流畅自然又不失摇曳变化，洵为《诗经》名篇！

元代唐棣绘《霜浦归渔图》

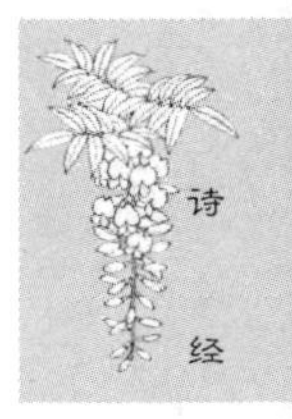

文武吉甫，宣王中兴

——《小雅·六月》

宣王时期另一位受命征伐猃狁的重要将领，是《六月》的主人公吉甫。他本姓兮，名甲，字伯吉父，吉父又写做吉甫，正是《六月》诗中吉甫二字的由来。

《六月》全诗六章，可分为二层。前四章叙述北伐的过程，后二章则集中赞美吉甫其人。

六月栖栖，戎车既饬(chì)。四牡骙骙，载是常服。
猃狁孔炽，我是用急。王于出征，以匡王国。

比物四骊，闲之维则。维此六月，既成我服。
我服既成，于三十里。王于出征，以佐天子。

四牡修广，其大有颙(yóng)。薄伐猃狁，以奏肤公。
有严有翼，共武之服。共武之服，以定王国。

猃狁匪茹，整居焦获。侵镐(gǎo)及方，至于泾阳。
织文鸟章，白旆央央。元戎十乘，以先启行。

首章作者追述战争的开端。六月正是农事最繁忙的季节，猃狁趁此时侵犯边境，军情如火，边境危急。战报传来，周朝军队紧急动员，备齐兵车，喂饱马匹，士兵迅速集结。将士们上下一心，同仇敌忾，保卫国家义不容辞。第二、三章细致描写周军军容和必胜的雄心。只见战马高大强壮，宽头大耳神骏异常，训练有素进退整齐划一。士兵们军服统一，军纪严明，军容严整肃穆，毫无骄兵浮华之气。宣王于城外三十余里处劳军誓师，吉甫和士兵们雄心万丈，定要击溃猃狁，保卫国家安定，建立无上功勋。军队尚未出征，治军有方的吉甫形象已栩栩如生地浮现于眼前。第四章先写敌人来势凶猛，刚攻下焦获，又侵犯镐城和方城，不久攻到泾阳。四句毫不停歇连贯而出，敌情危机情势迫人的紧张氛围弥漫诗篇。紧接着，作者笔锋突转，描写周军的阵势。只见白色大旗明亮招展，先锋部队以兵车十乘为一队，排出阵势准备冲锋扫荡。一场险恶的遭遇战即将拉开战幕。然而，作者在此猛然一顿，以万钧笔力收束笔锋，并未笨拙地描写具体战斗场面，而是凌空跳跃到此战获胜后军队闲适修整的景象。

戎车既安，如轾(zhì)如轩。四牡既佶，既佶且闲。
薄伐猃狁，至于大原。文武吉甫，万邦为宪。

吉甫燕喜，既多受祉。来归自镐，我行永久。
饮御诸友，炰(fǒu)鳖(biē)脍鲤。侯谁在矣？张仲孝友。

第五章前四句描写兵车安然行驶与战马整齐从容的景象。接连三个“既”字，使得文势由第四章千钧一发的紧张惊险一变而为雍容平和。周军在吉甫的指挥下攻无不克，顺利击败猃狁，光复太原城。将士们沉浸在战果辉煌的喜悦之中，这是自然而然地赞美主帅吉甫。末章顺势而行，描绘庆祝凯旋欢宴场景。吉甫先后收复太原和镐京，胜利归来。周宣王重赏吉甫，吉甫也欢欢喜喜地设宴招待朋友庆祝胜利。宴席上蒸鳖脍鲤美食如林，高朋满座，忠孝张仲都来参加，大家同欢同醉。吴闿生《诗义会通》评价说：“通篇俱摹写‘文武’二字，至末始行点出。‘吉甫燕喜’以下，余霞成绮，变卓荦为纡徐。末赞张仲，正为吉甫添豪。”所谓人以群分，张仲也是周宣王卿士，末句赞扬他忠孝友爱，正是从侧面赞美吉甫。

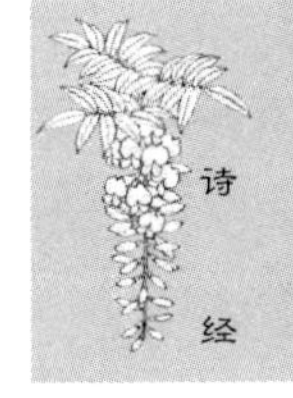

吉甫不但军事才能卓越，更被称作“中华诗祖”。《大雅·烝民》：“吉甫作诵，穆如清风。”《大雅·嵩高》：“吉甫作诵，其诗孔硕，其风肆好，以赠申伯。”《大雅·江汉》和《大雅·韩奕》据说也是吉甫所做。谢安石曾问他那位以咏柳名世的侄女谢道蕴《诗经》中哪句最好，道蕴答道：“吉甫作颂，穆如清风”。《六月》诗中赞美他“文武吉甫，万邦为宪”，可谓实至名归。

借此讨伐猃狁的军威，周朝剪除边患，再次平定淮夷，王室威信得以重振，诸侯恢复了来朝觐见周王的传统，“周室微而复兴”，史称“宣王中兴”。

战场兄弟，生死相依

——《秦风·无衣》

周宣王早年攻无不克，战无不胜，平定四方，重立周王室威信，可谓一代英主。但他一味用兵，不知文武之道一张一弛，国家和人民不得休养，疲惫困乏。宣王晚年，对外战争更是接连失败，尤其是公元前789年于千亩之战周军大败于姜戎国，南国之师全军覆没，国力遭受重大损失。老年的宣王独断专行，厌恶忠言，滥杀大臣，宣王中兴遂成昙花一现。尤其昏庸的是，周宣王听信巫师邪说，以为将有女子危害周朝江山，于是下令杀死很多无辜妇女、女婴。大臣杜伯劝谏，周宣王非但不听，反而杀死了杜伯。

后来周宣王做了一个噩梦。梦到自己在圃田游猎，杜伯的冤魂戴着红帽，乘白马架白车，司空锜在左边护卫，大臣祝在右边护卫。杜伯执红弓搭红箭，一箭射中了自己的心脏，连脊梁骨都被折断了。周宣王惊醒后心神两失，身染重病，不久即驾崩。太子宫涅随后登基，这就是西周的末代帝王周幽王。

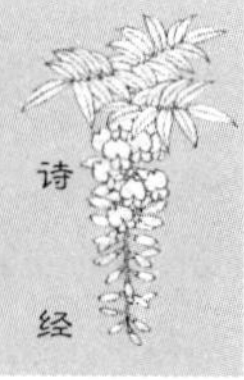

周幽王贪婪腐败，不问政事，重用"为人佞巧，善谀好利"的奸臣虢(guó)石父，引起国人强烈不满，更荒唐的是周幽王为了博褒姒(sì)一笑而烽火戏诸侯。

褒姒原本是弃婴，被姓褒的大户人家收养，在褒国(今陕西省汉中西北)长大，异常美貌。公元前779年，周幽王囚禁了直言进谏的褒国君主褒珦。为了解救褒珦，褒国人将褒姒献给周幽王。凭借自己的美丽，褒姒很快宠冠后宫，被立为妃。第二年，褒姒生下儿子伯服，周幽王对她更加宠爱，竟废去王后申氏和太子宜臼，改立褒姒为后，立伯服为太子。

褒姒虽然艳如桃李，性情却冷若冰霜，自被献给幽王后从来没有笑过。为了博得褒姒的笑容，周幽王想尽一切办法都没有成功。为此，幽王竟然悬赏求计，谁能引褒姒一笑就赏金千两。奸臣虢石父出了个馊点子，就是举烽火戏耍诸侯军队。烽火是古代边防传递军情的重要手段，通常在边境山顶建造烽火台，台上放置干柴和狼粪，遇有敌情时点燃，狼烟直冲云霄，以此报警，燃起烽火就表示外敌入侵,国家危机,诸侯会立即点齐兵马驰援勤王。

周幽王听从了虢石父的奸计,点起烽火。诸侯们慌忙率兵前来,却发现没有敌军。看到诸侯们的糗态,褒姒终于大笑起来。幽王在褒姒一笑后,又数次点燃烽火捉弄诸侯。屡被戏耍的诸侯们终于不再信任幽王,再不理会烽火。

申后和太子宜臼被废,让申后的父亲申侯极为愤怒,为了报复幽王,他串通缯国与西夷犬戎进攻幽王。联军攻至镐京,此时幽王再举烽火求救,已经无人愿意前来救他了。镐京被毁,幽王在骊山脚下被杀,褒姒被掳走,犬戎将周朝珍宝尽数席卷而去,西周就此灭亡。

各国诸侯见幽王已死,便共同拥立了原来的太子宜臼,这就是周平王。此时都城镐京已成废墟,犬戎随时会卷土重来,周平王自己能够调动的直属军队力量薄弱,难以自保,更无法继续有效统治周国旧土。于是在公元前770年,由诸侯们出兵护送,周平王迁都洛阳,这就是“东周”。东迁时,官位只是一个普通大夫的秦襄公大力出兵护送,居功甚伟。周平王就擢升秦襄公为诸侯,并将岐山以西的大片土地赏赐给他。史书记载:“襄公于是始国,与诸侯通使聘享之礼。”从此,秦国和众诸侯平起平坐,正式立国。

当然,周平王赏赐给秦襄公的土地,实际上被西戎所占领。当时戎狄之国遍布渭水流域,实力强大,秦襄公要从他们手中夺取土地,谈何容易?然而,秦襄公毫不气馁,积极“备其甲兵,以讨西戎”,经过四年艰苦征战,“伐戎而至岐”。岐,就是现在陕西岐山、扶风两地,古称周原,是周人发祥地,古公亶父就是在此创立周国。这里土地肥沃平坦,战略位置极为重要。西戎和秦人在岐下展开极为惨烈的拉锯大战。秦襄公在一次大战中身先士卒,不幸战死疆场。秦襄公死后,他的长子秦文公即位,继承襄公遗志,终于在公元前750年大破戎族,彻底占领周原,秦国由此打下称霸天下的坚实基础。

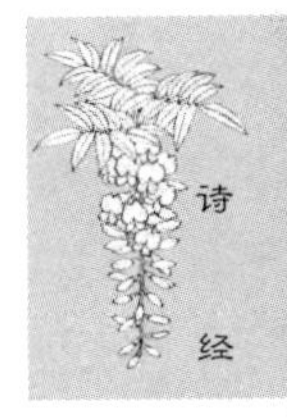

长时间的艰苦战争,塑造了秦人超绝卓拔的意志品格,也为秦国留下了一系列著名的战争诗歌,《无衣》就是其中最著名的一首。

> 岂曰无衣?与子同袍。王于兴师,修我戈矛,与子同仇!
> 岂曰无衣?与子同泽。王于兴师,修我矛戟,与子偕作!
> 岂曰无衣?与子同裳。王于兴师,修我甲兵,与子偕行!

全诗三章,每章五句,读来意气风发,豪情满怀,秦人尚武精神扑面而出。

朱熹《诗集传》说:“秦人之俗,大抵尚气概,先勇力,忘生轻死,故其见于诗如此。”诗歌每章都已问答开篇,陈继揆《读诗臆补》说:“开口便有吞吐六国之气,其笔锋凌厉,亦正如岳将军直捣黄龙。”“岂曰无衣”,大敌当前、兵临城下之际,这好像是自责,也好像是反问,愤怒与决然之气喷薄而出。此问仿佛燃起燎原大火,获得了无数战士怒吼回应:“与子同袍!”“与子同泽!”“与子同裳!”将士们上下一心生死与共,气势沛然莫可挡!怒吼之后,战士们磨刀擦枪、舞戈挥戟,“修我戈矛!”“修我矛戟!”“修我甲兵!”这样极具动作性的诗句,可以歌,可以舞,令人不由得“长言之不足,故嗟叹之。嗟叹之不足,故不知手之舞之足之蹈之也”(《礼记·乐记》)。

《无衣》每章句数、字数虽然相同,但句意上层层推进。首章末句“与子同仇”是统一思想和情感,说明有共同的敌人。二章末句“与子偕作”,是共同准备出发。三章末句“与子偕行”,战士们已经奔赴前线共同杀敌了。

此诗也曾作为外交诗歌使用。公元前506年,在伍子胥的率领下,吴国攻陷楚国的首都郢都,掘开已故的楚平王的坟墓,鞭尸三百。楚昭王下落不明,楚国几近灭亡。楚臣申包胥到秦国求援。当时秦国君主是秦哀公,他最初不同意出兵救楚,申包胥站在宫殿庭墙下哭泣,不饮不食,接连七日哭声日夜不绝。秦哀公被申包胥感动,为他赋了这首《无衣》。申包胥知道秦哀公同意出兵,连磕九个响头之后昏倒在地。其后秦国出兵救楚,一举击退了吴兵,光复楚国。可以想见,在秦王誓师的时候,《无衣》正犹如一首不胜不归的誓词。

秦人尚武好勇,反映在这首诗中即以气概胜,一股战斗的豪情通贯全诗。吴闿生《诗义会通》评价此诗说:“英壮迈往,非唐人出塞诸诗所及。”千载而下,诵读此诗,不禁为诗中火一般燃烧的激情所同化,令人热血沸腾!

后稷之业，以农立国

后稷以农立身、立功，他教民耕种，被称之为稷王，后世也尊称他为稷神或农神。自后稷始，华夏民族真正成为一个农业民族，农耕文明形塑了中华传统文化的基本面貌特征。聚族而居、精耕细作的农业文明孕育了自给自足的生活方式，使得中华文化趋于保守和内敛，也带来诸如地域多样性、民族多元性、历史传承性和乡土民间性等积极的文化特征。历史上，游牧文明常因环境突变而消失，而超稳定性的农耕文明正是中华文化绵延不断、长盛不衰的基本原因。

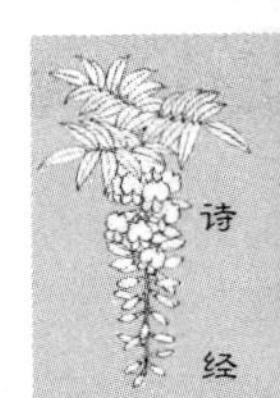

春耕祭祖，以祈丰年

——《周颂·载芟》

载芟(shān)载柞(zuò)，其耕泽泽。千耦(ǒu)其耘，徂隰(xí)徂畛(zhěn)。

侯主侯伯，侯亚侯旅，侯彊侯以。有嗿(tǎn)其馌(yè)，思媚其妇，有依其士。

有略其耜，俶载南亩，播厥百谷，实函斯活。

驿驿其达，有厌其杰，厌厌其苗，绵绵其麃(biāo)。

载获济济，有实其积，万亿及秭。

为酒为醴(lǐ)，烝畀祖妣，以洽百礼。

有飶(bì)其香，邦家之光。有椒其馨，胡考之宁。

匪且有且，匪今斯今，振古如兹。

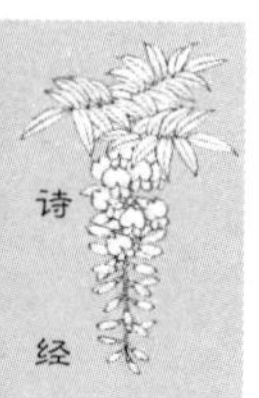

周朝自始祖后稷始，就以农业立族。其后历代领袖如公刘、古公亶父等多以继承、发扬后稷之业为荣。西周立国后，更以农桑为国家第一要务。《诗经》对此也多有反映，收集了多首成就颇高的农事诗。《周颂·载芟》就是其中杰出的一首。

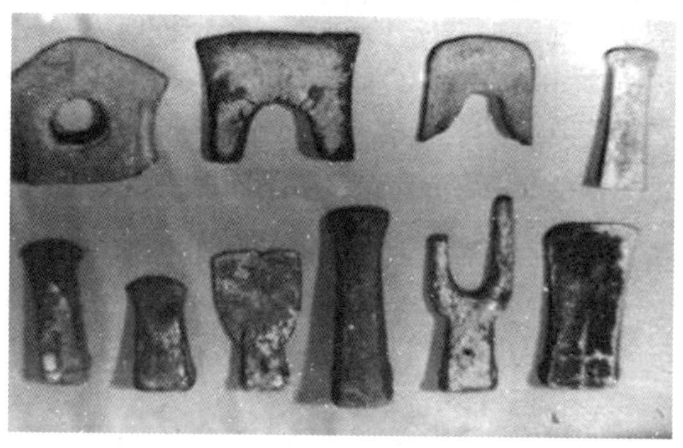

商周青铜农具

这首诗原本用于春耕前周王祭祀祖先时的仪式，大约作于周成王之后。“一年之计在于春”，立春意味着春天来临，农耕开始。据记载，在立春前三天，天子就要斋戒沐浴，准备迎春。立春的那天，天子亲自率领三公、九卿、诸侯、大夫等国家重臣，前往东郊去举行迎春的祭祀仪式。在立春这个月的第一个辛日，皇帝还要祭祀上帝，祈求五谷丰登。于此后的第一个亥日，皇帝要亲自把农具搬上自己的龙辇，率领三公、九卿、诸侯、大夫，象征性地耕种籍田，其做法是把农具推入土里，天子推三下，公侯推五下，卿和诸侯推九下，以此表明国家对农业的重视。周朝早期的仪式或许没有如此复杂的程序，但每年春耕前祭祀祖先的仪式依然是必不可少的国家大事。

全诗共三十一句，是《周颂》中最长的一首。诗歌忠实地描述了西周前期农业生产的一些基本情况，为研究西周农业生产力提供了可信的资料，受到历史学家们的普遍重视。全诗虽未分段，但叙事依农业生产的各个过程顺序展开，诗意层次井然，大致可分为以下五部分。

前四句描写整治耕地的场景。农人刈除田间杂草，砍倒耕地中的杂树和灌木，挖去树根，将土壤翻耕松弛，连洼地和高坡都能见到劳作的农人，一派春耕的热闹景象。第三句极言“千耦”，可见开垦的土地面积之大，动用的劳力之多，这种劳动场面颇类后世的集体农场，是有组织、有协作的集体大生产。

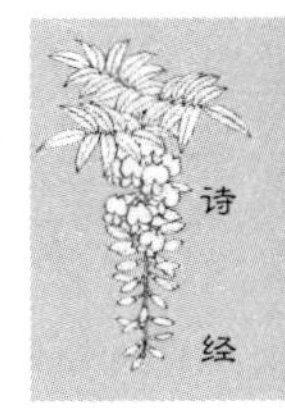

第五至第十句是第二部分，集中描写参加春耕的劳人。只见男女老少无论强壮与否全部出动。辛苦劳作一天后，温柔娇媚的妇女和健壮的小伙子一同在田间地头吃饭，狼吞虎咽响声连连。

第十一至第十八句描写播种和谷苗成长，是全诗的重点。农人们从向阳的田地开始播种，他们手持锋利的耒耜翻开土地，放入种子，再盖上一层土略微踩实。此时，青铜农具已经大规模普及，农具可以用“锋利”来形容了。深耕播种大大提高了种子的成活率，农民们不由得欢喜地赞叹道“百谷播下就能成活！”谷苗种下后，很快就纷纷拱土出芽，长出漂亮的谷苗。慢慢地，谷苗越长越茂盛，谷穗饱满结实，重得垂下头来。接下来的三句用夸张的手法描写收获场景。收获的谷物真是多，露天堆满了打谷场，打好的谷子堆在场边，成万成亿难计量。“万亿及秭”是诗意的转折点，诗歌由此转入对祖先的祭祀和祈祷。

第二十二至第二十五句记叙制作祭酒，是全诗的第四部分。新谷除了留种、食用和储藏，还有一大功用就是制作祭祀用酒。周公等周朝开国领袖们一再告诫周人商朝灭亡的原因之一就是酗酒，禁止周人无故饮酒。因此，周代的酒一般不用于日常饮用,而是主要用于各种祭祀和仪式。酒分清酒和甜酒两种,用以祭祀先祖和先妣,以感谢祖先保佑,祈求来年收成更好。周人极为重视祖先,周代的基本政治制度是所谓“宗法制”,即按血缘关系分配、世袭国家和氏族权力,血缘是国家权利和氏族组织的核心与基点。因此,祭祀祖先不是简单的仪式,更是权力合法性的证明。春秋时卫国的国君卫献公昏庸无能,被当权大臣孙文子赶出了卫国。数年后,为了回国,卫献公派心腹向当时的权臣宁喜妥协说:“苟反,政由宁氏,祭则寡人。”只要能回国,卫献公宁可交出执政大权,只要保留祭祀祖先的权利即可。果然,宁喜同意了这一要求。

诗歌最后七句是对祭品的描绘,并记录了祭祀祷辞。只听主祭者歌唱道:我们祭献的食品香喷喷,祭献的椒酒香醇醇,保佑我邦家有荣光,祝福老人常安康。万古都有这景象。

通观全诗,叙述层次分明,重点突出,缓急有序,叠字、排比、对偶、押韵等艺术手法运用纯熟,行文生动活泼,整体的艺术水平在《周颂》中是相当突出的。龙起涛《诗经本事》曾评价此诗所蕴含的思想说:“于慰劳休息之中,有坚强不息之神焉,有合众齐力之道焉,有蟠结不解之势焉。是以起于陇亩之中,蔚开邦家之基;以一隅而取天下,其本固也,此之谓农战。”正是在辛苦的农业劳作中,周人锻炼出自强不息的意志品格,齐心合力的协作精神,百折不挠的坚定毅力,为周人取代商人,周朝推翻商朝,打下了牢不可破的基础。

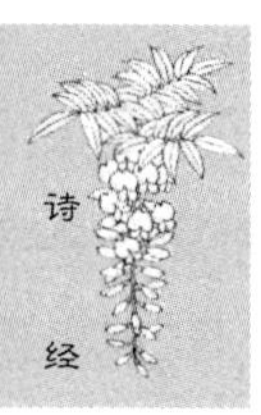

秋收新谷，祭祀神明

——《周颂·良耜》

畟畟(cè)良耜(sì)，俶载南亩。播厥百谷，实函斯活。或来瞻女，载筐及筥(jǔ)，其馕(xiǎng)伊黍。其笠伊纠，其镈(bó)斯赵，以薅(hāo)荼(tú)蓼(liǎo)。荼蓼朽止，黍稷茂止。

获之挃挃(zhì)，积之栗栗。其崇如墉(yōng)，其比如栉(zhì)。以开百室，百室盈止，妇子宁止。

杀时犉(chún)牡，有捄(jū)其角。以似以续，续古之人。

《良耜》堪称《载芟》的姊妹篇，二者创作时代相同，《载芟》用于迎春藉田祈求丰收的仪式，《良耜》则用于秋后丰收报答社稷的祭祀，一祈求一报答，相映成趣。

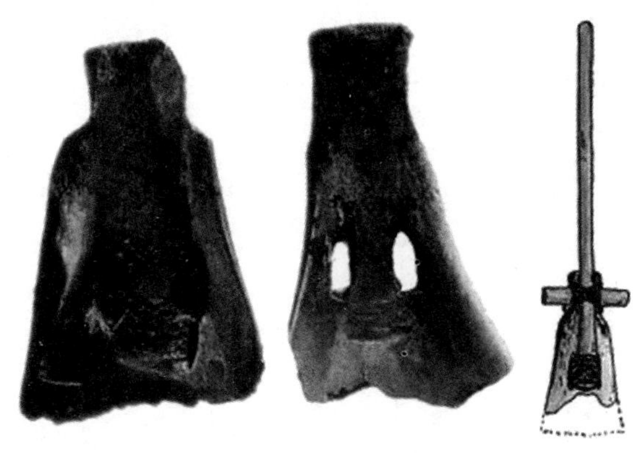

浙江河姆渡出土骨耜

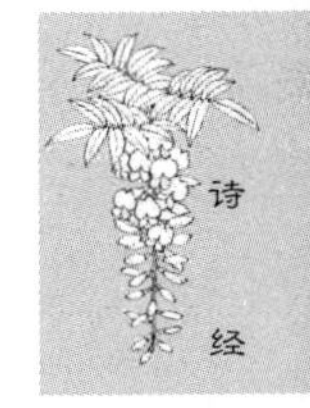

全诗共二十三句，不分章，就诗意来看可分为层次井然的三层。前十二句为第一层，回顾耕耘的情景。甫一开头，一幅繁忙的春耕夏耘的画卷扑面而来。春日到来，农人们手扶耒耜，从向阳的田地开始翻耕田地，锋利的犁头深深划开土地，饱含希望的种子被撒入土中，开始孕育、发芽、成长。当农人们饥饿时，家中的妇女、孩子们便挑着方筐和圆篓，给他们送来了热腾腾、香喷喷的小米饭。烈日炎炎的夏日，农夫们头戴手编的草帽斗笠，将杂在田里的荼、蓼等野草统统锄掉。荼、蓼腐烂后变成了肥料滋养百谷，大片大片绿油油的黍、稷长势喜人。十二句中，涵盖了春耕、送餐、除草等劳动场景，叙述简洁生动。

第二层是从“获之挃挃”到“妇子宁止”七句，描写秋天大丰收的情景。农夫们收割庄稼，挥动镰刀此起彼伏。打下的谷子高堆起，从高处看好似高高的城墙绵延不绝，从两旁看好似绵密的梳齿，上百个粮仓一字排开，各个都装满了粮食，妇人孩子们一片喜气洋洋。俗话说“民以食为天”，对于封建时代的中国人来说，家里有了粮食，心中才有底气，家园就会安定，才有希望过上安稳的日子。

最后四句是第三层，描写秋收后报祭祖先神明的情景。他们以一头双角弯弯的黑唇大黄牛为祭品，丝毫不苟地举行世代相传的古老礼仪，感谢祖先神明打来丰收，祈求来年风调雨顺。

秋收后的祭祀又叫报祭，有报告和报答双重含义。中国人敬天法祖，认为好收成是先祖和上天保佑的结果。当然，我们可以将此看做迷信，但换一个角度，这何尝不是中国人饮水思源不忘本和尊重自然、敬畏自然的表现？在重建中华文明传统美德的今天，在追求生态文明，探索人与自然和谐共处的全球共识下读来，《周颂·良耜》别有一番意义。

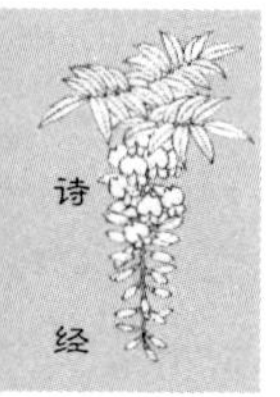

思曰无邪，无关美刺

自古以来，爱情就是人类情感世界中最复杂、最广阔、最丰富、最迷人的领域。从少年时代懵懂宛若轻雾的刹那花火，到青年时候熊熊燃烧的爱情烈焰，沉静如文火长燃的中年爱情世界，归于余韵绵延的夕照沉影，爱情驻足人生的每一个角落。爱情是一个魔鬼，也是独一无二的天使，没有人能够逃脱它的魔力掌控。圣人如孔子，也留下"子见南子，涕泗横流"的狼狈风流供人横生揣测。爱情是最坚强的情感，单是在《诗经》中，爱情的道路就被狂暴的雨雪、绵远的分离、残酷的战争、世人的冷眼、父兄的反对所阻挠，然而这些摧残反而催生出更加绚艳的爱情花朵。

作为永恒的话题，爱之一字掀起无数风波，激荡出难以计数的咏叹，贯穿于繁若星辰的世界文学作品中。但要论及对爱情摹刻的广度与深度，中外文学史上恐怕很少有一部经典能与《诗经》比肩。在这里，我们看到无数的恋人独自呢喃暗自神伤，无数思念花开并蒂终成正果，无数夫妇琴瑟合鸣齐眉举案，以及，无数有情人分分又离离。让我们从《关雎》开始，领略《诗经》的爱情世界。

急色婚姻，以色喻礼

——《周南·关雎》

关关雎鸠，在河之洲。窈窕淑女，君子好逑。
参差荇菜，左右流之。窈窕淑女，寤寐求之。
求之不得，寤寐思服。悠哉悠哉，辗转反侧。
参差荇菜，左右采之。窈窕淑女，琴瑟友之。
参差荇菜，左右芼之。窈窕淑女，钟鼓乐之。

古今中外的精神世界，都有将开端神圣化的倾向，无论何种民族，描述其起源的时候总是充满了神迹，将祖先神圣化是个世界范围内的普遍现象，各民族对其文化的开端也总是大加赞扬。而就文学作品而言，无论卷帙浩繁的大部头还是纤丽隽秀的弄巧之作，如何开好头总是令人极费心思的事情。《关雎》雄踞今本《诗经》三百零五首之首，表面上这首诗只写了男男女女的个人情事，鲁迅曾调侃地翻译“窈窕淑女，君子好逑”为“漂亮的好小姐呀，是少爷的好一对儿”。这让历来论诗者无不费尽脑筋解释：卿卿我我的《关雎》如何能排在歌颂祖先丰功伟绩的雅、颂之上？

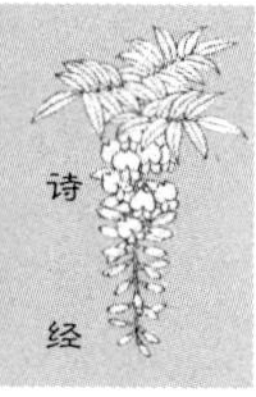

司马迁在《史记·十二诸侯年表序》中曾说：“周道缺，诗人本之衽席，《关雎》作。”东周时候礼崩乐坏，诗人将这一重大社会变故归罪于男女情欲泛滥，所以作《关雎》来讽喻社会。这种解释尚有可取之处，每当末世时，人们总是无法克制自己的欲望，自古皆然，中西并同。说法最离奇的是《韩诗外传》：

子夏问曰：“《关雎》何以为国风始也？”孔子曰：“《关雎》至矣乎！夫《关雎》之人，仰则天，俯则地，幽幽冥冥，德之所藏，纷纷沸沸，道之所行，如神龙变化，斐斐文章。大哉！《关雎》之道也，万物之所系，群生之所悬命也，河洛出图书，麟凤翔乎郊，不由《关雎》之道，则《关雎》之事将奚由至矣哉！夫六经之策，皆归论汲汲，盖取之乎《关雎》，《关雎》之事大矣哉！冯冯翊翊，自东自西，自南自北，无思不服。子其勉强之，思服之，天地之间，生民之属，王道之原，不外此矣。”子夏喟然叹曰：“大哉！《关雎》乃天地之基也。”

汉代韩婴编纂的《韩诗外传》是一部引诗大全，由三百六十条逸事、道德说教、解诗示例等内容杂糅而成，其中有大量托名孔子与孔门弟子的对话，对话中他们往往征引《诗经》的诗句作为结论，或者论证自己的观点。

这段话里，子夏问孔子为何《关雎》能作为国风的第一篇，孔子并没有从诗歌内容、技法、情感之类诗学角度回答，而是说《关雎》的作者抬头效法天，低头效法大地，多么高深幽远啊，最高的德行就包蕴其中；多么奔腾汹涌啊，道就随着它来运行，就像神龙一样变幻莫测；文采是多么华美啊！万物之所以存在，生命之所以繁衍，都是因为有《关雎》所包含的大道维系着。黄河出龙图，洛水出龟书，麒麟凤凰出现在郊野，都是因为实行了《关雎》的大道才能够实现。六经都匆匆忙忙地论述的治国的大道理，都是从《关雎》截取而来的。《关雎》包含的事情多么广大，东西南北的人民没有不顺从的。天地间的道理，人类的德行，王道政治的根源，都包含在《关雎》中。子夏听了老师的话，不由地感叹《关雎》真是天地万物的基础。——这样子解读《关雎》，也只有假想中的圣人能够如此，驽钝如我等，只有瞠目结舌敬而远之的份儿了。

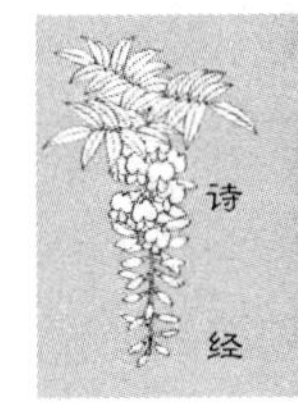

封建社会中对《关雎》题旨的解读大都遵从《毛诗》的说法：“以一国之事，系一人之本，谓之风。……正始之道，王化之基，是以《关雎》乐得淑女以配君子，爱在进贤，不淫其色，哀窈窕思贤才而无伤善之心焉，是《关雎》之义也。”这就是说，国家的事业关键在于个人行为，《关雎》是规范衡量国家政治风貌的基本标准，是王道教化的基础。

《诗小序》还说道：“《关雎》，后妃之德也。”什么是“后妃之德”呢？根据《毛诗》的解释，是说这首诗描绘的不是男子热烈地思念女子，而是心胸宽广的后妃乐意看到美丽贤淑的姑娘嫁给自己的丈夫。孔子曾大加赞赏的“乐而不淫，哀而不伤”和“思无邪”的主角，不是急色的男性，而是他的妻子。这位妻子睡觉都在想着怎么给自己的丈夫再娶一房美丽贤淑的妾，没娶到的时候着急地在床上辗转反侧。原来，“后妃之德”就是如此“不嫉妒”啊，这真是令人大开眼界。任何一位正常女性都不会有此想法。

《韩非子·内储说》记载了这样一个故事:卫人有夫妻祷者,而祝曰:“使我无故,得百束布。”其夫曰:“何少也?”对曰:“益是,子将以买妾。”卫国有夫妇两个人一起祈祷,妻子祈祷说:“让我平白无故得到一百束粗布。”她丈夫很奇怪,所祈祷的飞来之财太少了啊。妻子回答道:“如果多了,你肯定拿去娶小妾,所以宁可少些。”

《艺文类聚》记载了南北朝时一个相似的故事:“谢太傅刘夫人,不令公有别房。公既深好声乐,后遂颇欲立妓妾。兄子外生等微达此旨,共问讯刘夫人,因方便称《关雎》《螽斯》有不忌之德。夫人知以讽己,乃问:‘谁撰此诗?’答云:‘周公。’夫人曰:‘周公是男子,相为尔,若使周姥撰诗,当无此也。’”东晋宰相谢安的正妻刘夫人不允许老公纳妾,但雅称“江左风流宰相”的谢安爱好歌舞音乐,非常想娶自己心爱的歌妓为妾。谢安的外甥侄子们揣摩、迎合他的心意,一同来探刘夫人的口风,引用《关雎》宣扬妇女们要有不嫉妒这一品德。没想到刘夫人洞若观火,问:“谁写了这诗?”答云:“周公”。刘夫人说:“周公是男子,想当然要这么做,如果周姥姥写诗,肯定不会这样。”“周姥撰诗当无此”一语戳破千百年卫道士们内心饥渴外表道貌岸然的假面皮,刘夫人真真是个妙人,“后妃之德”之类的解释大概只能是某些欲望膨胀或者婚姻不如意的男性的狂想,时至今日,再也没有人相信“《关雎》,后妃之德也”之类矫揉酸腐的解释了。本着一颗真心直视此诗,《关雎》呈现给我们的正是一首真挚动人的情歌。

这首诗原本分为三章,第一章四句,第二和第三章各八句。东汉大儒郑玄将后二章以四句一章两章分开,就成了现在通行的五章《关雎》。第一章中“关关”是拟声词,雌雄雎鸠在河畔沙洲上和鸣,兴起纯洁美丽的女子正是君子的好配偶。全章音调舒缓平和,所采用的主要表现手法是兴,《毛传》云:“兴也。”什么是“兴”? 孔颖达在《毛诗正义》中说:“‘兴’者,起也。取譬引类,起发己心,《诗》文诸举草木鸟兽以见意者,皆‘兴’辞也。”所谓“兴”,就是先写其他景物以引起所咏之物,将心意和真情委婉含蓄地寄托在景物上。《关雎》以“挚而有别”的雎鸠兴淑女应配君子,寄托深远而又畅晓明白,吟咏之时自有一番文已尽而意有余的效果。

第二、四、五章的“参差荇菜”都承接自“关关雎鸠”,“荇菜”是祭祀仪式上使用的一种水草。“流”是指顺着流水去择取荇菜,“芼”则是用沸水把蔬菜烫一下随即捞出。从“流”到“采”,从“采”到“芼”,是一个循序渐进的过程。这是以采摘、烹饪荇菜来比喻君子和淑女从深切的思慕到步入结婚的过程。

“求”字是全诗的核心，最初君子对淑女是“寤寐求之”，没想到愿望是迫切的，过程却是曲折的，淑女“求之不得”。“求之不得”的第三章最能动人心魄。姚际恒《诗经通论》评论说：“前后四章，章四句，辞义悉协。今夹此四句于‘寤寐求之’之下，‘友之’‘乐之’二章之上，承上递下，通篇精神全在此处。盖必着此四句，方使下‘友’‘乐’二义快足满意。若无此，则上之云‘求’，下之云‘友’‘乐’，气势弱而不振矣。此古人文章争扼要法，其调亦迫促，与前后平缓之音别。”姚氏的分析可谓精当。这一章语气急切，君子形象如在目前，使人感同身受。清初王士祯《渔洋诗话》说：“《诗》三百篇真如画工之肖物。”林义光《诗经通解》也说：“寐始觉而辗转反侧，则身犹在床。”古往今来描写思念情人之深切，无过于这一章了。

第四、五章则描绘求而得之的喜悦与婚礼过程。“琴瑟”和“钟鼓”是婚礼仪式上所用到的乐器，后世也经常以“琴瑟合鸣”比喻夫妻关系和睦。“友”和“乐”意义轻重深浅皆不相同，前者表明二人互相尊重，绝无人身依附关系，后者则极写心满意足之情，由外入内，可谓一字千金。

《关雎》最初还配有音乐和舞蹈，孔子说这首诗“哀而不伤，乐而不淫”，就是指此诗的音乐而言。汉代之后《诗经》的音乐系统失传，但单从字句中我们也能感受到此诗强烈的音乐性。诗中采用了很多双声叠韵的联绵字，以增进音调的和谐和人物形象的生动性。叠韵如模拟少女形象的“窈窕”，双声如描绘荇菜的“参差”，既是双声又是叠韵“辗转”则用来修饰动作并展现君子心理，可谓声情并茂真切动人。刘师培《论文杂记》说道：“上古之时，……谣谚之音，多循天籁之自然，其所以能谐音律者，一由句各叶韵，二由语句之间多用叠韵双声之字。”《关雎》巧妙运用双声、叠韵和联绵字，使得诗歌音调淳朴自然，朗朗上口，易于记诵。

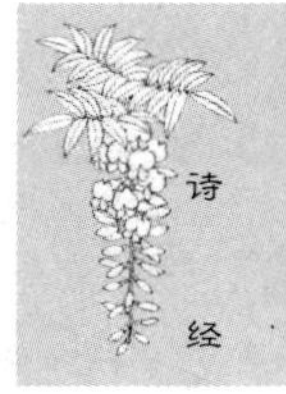

以声调而言，《关雎》韵律和谐，换韵自然。全诗换韵四次，首章和二章押幽部韵，句势相联，韵脚也相同；第三章句意转折，“得”“服”“侧”随即换押职部韵；第四章结为地位平等的夫妇，换押之部韵；第五章重在心中喜乐，韵脚也换为宵觉通韵。韵脚随诗意参差变化，极大地增强了诗歌的节奏感和音乐美。

汉代郑樵在《通志·乐略·正声序论》中论诗歌的音乐性说：“凡律其辞，则谓之诗，声其诗，则谓之歌，作诗未有不歌者也。”他认为凡是有生气的诗歌都可以歌唱。具有强烈音乐性的《关雎》，是活在人们口中的诗歌，唱出的是每个人都经历过的青春时代，使人心旌摇动之处正是道出了凡胎肉身的我们都能体验到的人生经历和道理，自然朴实，情真意切，毫不做作。男大当婚，女大当嫁，这是千古不易的自然法则。大好男儿见到窈窕淑女怦然心动，窈窕淑女见到大好男儿倾慕怀思，这是最合乎自然与人性的冲动，也是人间最为永恒的主题。

然而值得注意的是，《关雎》的情感虽然真诚热烈，诗中主人公的求爱行为却颇为克制。诗篇开头就点明君子淑女是般配的一对，末章归结于琴瑟和钟鼓齐鸣的婚姻仪式，这是以爱慕美色开始，以互相尊重、地位平等的婚姻结束，而非青年男女朝露般的邂逅和花火式的激情。诗歌中所写恋爱行为也具有节制性，欲望并未演变成无法控制的燎原大火。“淑女”固然没有出格的行为，君子虽然辗转反侧心急如焚，但只是独自一人忍受相思的煎熬，完全没有《诗经》其他诗篇中常见的翻墙折柳之类的事情——这正是儒家伦理最为看重的。

真挚的情感并不逾越礼制底线，情感的表达被牢牢地控制在礼制所允许的范围内，这正是儒家伦理的典范示例。所以战国时候的《孔子诗论》评论道：“《关雎》以色喻于礼。”意思是《关雎》的题旨在于从好色的个人情感出发，皈依社会礼教。通观十五国风，卿卿我我的婚前男女爱恋之情俯仰可见，五光十色的婚后生活亦不乏名篇，大多数诗篇各主一端，而如《关雎》这样，将个人欲望、爱恋与代表礼制化的婚姻完美统一起来的却甚为稀有。如果《诗经》正如孔子所定言的那样“思无邪”，“以色喻于礼”的《关雎》正是《诗经》的大关节所在，雄踞三百篇之首，恰如其分。

然而，从情感走向礼制这一情感表达范式，在男权社会中用来约束男性的

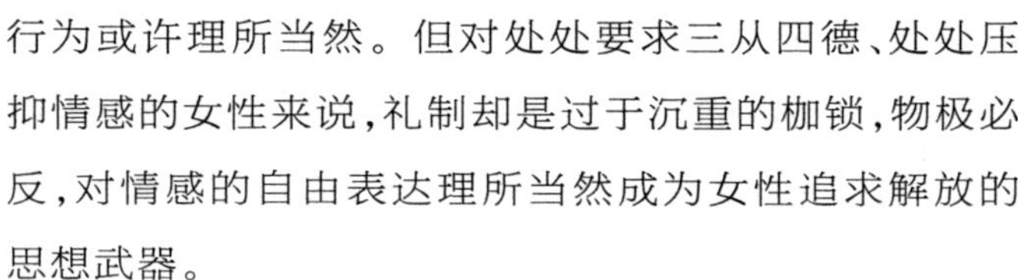

行为或许理所当然。但对处处要求三从四德、处处压抑情感的女性来说，礼制却是过于沉重的枷锁，物极必反，对情感的自由表达理所当然成为女性追求解放的思想武器。

《牡丹亭》插图

在被称作中国四大古典戏剧之首的《牡丹亭》里，主人公杜丽娘生命中学习的第一首诗就是《关雎》，迂腐的老儒生陈最良用“后妃之德”来解释这首诗。没想到，杜丽娘的贴身丫鬟，聪慧泼辣的小丫头春香为了给小姐寻找游春的理由，重新编排诗义：“故此了。小姐说，关了的雎鸠，尚然有洲渚之兴，可以人而不如鸟乎！书要埋头，那景致则抬头望。如今分付，明后日游

后花园。”关了的鸟尚有游园的自由，何况是人？“关关雎鸠”在春香口中不是那合鸣的鸟儿，而成了自由与解放的象征。短短一首诗，竟成了杜丽娘青春觉醒的导火索，开启了明代“情不知所起，一往而深。生者可以死，死亦可生”的人性解放大潮。《关雎》历经两千年，读来却历久弥新，其中所蕴含的人性的光辉正是常望常新的人间胜景！

日本江户时代《毛诗品物考》所绘荇菜

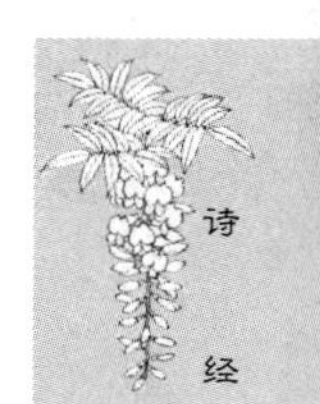

婚姻围城，无家为乐

——《桧风·隰有苌楚》

隰(xí)有苌(cháng)楚，猗傩其枝。夭之沃沃，乐子之无知。

隰有苌楚，猗傩其华。夭之沃沃，乐子之无家。

隰有苌楚，猗傩其实。夭之沃沃，乐子之无室。

《关雎》以婚姻为爱情的归宿，并在婚姻中获得了心灵安宁与人生至乐。与心爱的人儿合礼结合，《关雎》描写既满足个人欲望，又符合社会礼教上的称心如意的理想婚姻，可谓至矣尽矣。《桧风·隰有苌楚》恰是《关雎》的对立面，在个人欲望与婚姻的关系上走向了另一个极端。

隰是低洼地，苌楚是一种藤科植物，又称杨桃，猗傩是“婀娜”的通假字，整首诗翻译过来就是一首简明直露的抒情独白：

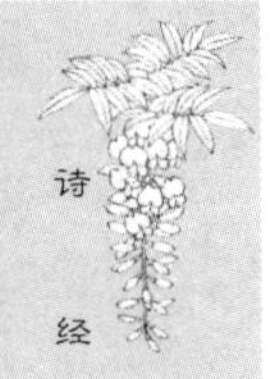

洼地有羊桃，枝头迎风摆。柔嫩又光润，羡慕你无知好自在！

洼地有羊桃，花艳枝婀娜。柔嫩又光润，羡慕你无家好快乐！

洼地有羊桃，果随枝儿摇。柔嫩又光润，羡慕你无室好逍遥！

这首诗的题旨，《毛诗序》认为是“疾恣也。国人疾其君之淫恣，而思无情欲者也”。这是把诗歌当做对桧国国君荒淫的讽刺。桧国相传是祝融的后裔所建，大约于夏代正式立国，周初重新获得分封，以现在的河南新密为都城，地域囊括嵩山以东、荥阳市以南的广大地域，是当时东方的大国之一。但在西周末年，桧君贪财好利，骄奢淫肆。东周初年，桧国灭亡于郑国郑武公之手。附会于国破家亡的史事，明代朱谋玮《诗故》说这首诗：“伤桧之垂亡而君不悟也。……亡国不知自谋也。”清刘沅《诗经恒解》进一步发挥说道：“盖国家将危，世臣旧族……无权挽救，目睹衰孱，知难免偕亡，转不如微贱者可留可去，保室家而忧危也”。姚际恒说：“此篇为遭乱而贫窭，不能赡其妻子之诗。”（《诗经通论》）方玉润说：“伤乱离也……此必桧破民逃……莫不扶老携幼，挈妻抱子，相与号泣路歧，故有家不如无家之好，有知不如无知之安也”。（《诗经原始》）明代的何楷更是平添一段私通的故事：“《隰有苌楚》，疾恣也。桧君之夫人与郑伯通，桧君弗禁，国人疾之。”（《诗经世本古义》）然而，这些在诗歌文本中都看不到，臆测的成分比较多。

现代以来，对这首诗的解释偏向于情诗。闻一多说：“《隰有苌楚》，幸女之未字人也。”这是说男子庆幸女子没有许配给别人，主人公是男子。高亨说“这是女子对男子表示爱情的短歌”（《诗经今注》），主人公被解释成了女子，都难以令人完全信服。

其实就文本而言，这首诗几乎没有什么劼牙难懂的地方。全诗三章，每章只有第八字和最后一字略作改变，基本相同的句式与诗句诉说着同一个意思，就是羡慕羊桃自由自在，没有知觉，也没有家室牵累。反复铺陈正见诗人感念之深。

每一章的首两句分别以羊桃的枝、花、实起兴，这是《诗经》常用的叠句方式，即把同一事物的各部分分别起兴，合起来才是一个整体。洼地上的羊桃迎风摇摆，叶色柔润，花朵鲜艳，果实累累，生机蓬勃。诗歌前三句描摹、赞叹羊桃充满生机，颇为客观，情感也很克制。

与前三句不同，每一章的第四句喷涌而出，既像是与羊桃对话，又像是自言自语。欣欣向荣的景色更加反衬出诗人遭际的不幸，使他的心情一下子沉重起来，以美物衬悲情，倍增哀乐。然而无人诉说，彷徨之际，诗人与羊桃的界线仿佛消失了，苦闷的诗人直呼羊桃为“子”，把羊桃当做了朋友。自然往往是人们情感最后的归宿，唐代大诗人李白的《月下独酌》于孤独大醉之际，曾“举杯邀明月，对影成三人”，当代法国电影《这个杀手不太冷》中的孤独杀手只认一盆兰花做朋友，异曲同工，相差仿佛。诗人并未直接倾诉自己的遭遇，而是自叹羡慕羊桃无“知”，更羡慕羊桃无“家”无“室”。

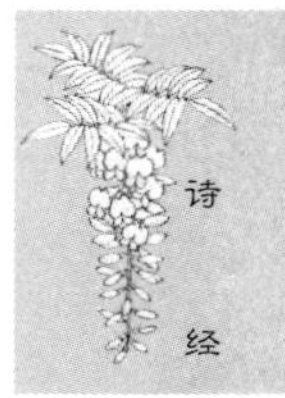

有“知”，人才是万物之灵长；有家有室，夫妇之道，是人伦之始。诗人却彻底否定这两方面。第四句寥寥五个字真是痛彻心骨，诗人必然在婚姻、家室上遭受重大的不幸。清人陈震《读诗识小录》指出：“只说乐物之无此，则苦我之有此具见，此文家隐括掩映之妙。”身遭不幸，以至于诗人的价值观发生了突转，家庭的天伦之乐无法给予诗人心灵的安宁与情感的安乐，短短三章五十一个字中，诗人虽身在野外，却以家庭为围城甚至监牢，繁茂的羊桃，反衬的恰是诗人无法逃离围城的命运。儒家认为“家齐而后国治，国治而后天下平”，却未曾告诉世人，以无家为乐时，人和社会应往何处去。这一点，庄子提供了一条道路。

《庄子·至乐》中记载，庄子的妻子死了，他的好朋友惠子来吊丧，看到庄子正叉腿坐着，敲击着瓦盆大声唱歌。惠子说："你妻子和你生活了一辈子，把孩子养大了，她也老了。现在她死了，你不哭也就罢了，还敲着瓦盆唱歌，这不是太过分了吗！"庄子说："不是这样啊。她刚死的时候，我难道不悲痛么！然而推究她最初本来未曾有生命，不但未曾有生命，而且连形体都没有，不但没有形体，本来也没有万事万物都依存的气。在混沌迷离的状态中，变化而有了气，气变化后有了形体，形体变化才有生命。现在她又由生而变成死，这和春秋冬夏四季交替运行是同样的过程。现在她安稳地睡在天地这所大房子里，而我在旁边哭泣，那才是不通达天命自讨苦吃呢。"

生命不过是大化流行中的一个瞬间，如此旷达，方无所谓婚姻之乐也无所谓围城之苦。然而又有几人能旷达如庄子？"情之所钟，正在我辈"，喜悲各臻一极的《关雎》与《隰有苌楚》，恰如这四时中一岁一枯荣的荇菜与羊桃，给我们留下永不停歇的吟咏和惆怅。

锚定了《诗经》爱情与婚姻情感的两极，如同给《诗经》"思无邪"的情感长卷订上了前后两轴。在以色喻于礼和颠覆式的无家无室之间，演绎了邂逅、相思、出游、等待、幽会、定情的情感之路。我们与古人的心灵共鸣，才刚刚响起。

偶遇相约，幽会缠绵

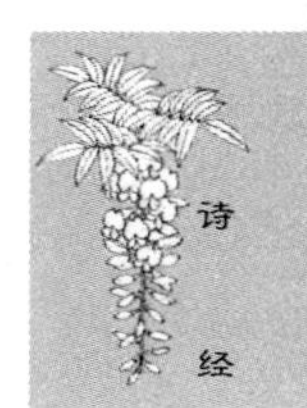

高蹈卓拔清水芙蓉的诗仙李白感叹过："《大雅》久不作"，他的诗如《黄葛篇》之"苍梧大火流，暑服莫轻掷。此物虽过时，是妾手中迹"，《劳劳亭》之"春风知别苦，不遣柳条青"，《春思》之"春风不相识，何事入罗帏"。这些诗句蕴藉吞吐，言短意长，直承《国风》遗泽。沉郁顿挫篇终混茫的诗圣杜甫也要"词场继《国风》"，又说自己的诗歌是"别裁伪体亲风雅"（《戏为六绝句》），称赞自己道："有才继骚雅，哲匠不比肩。公生扬马后，名与日月悬。"（《陈拾遗故宅》）明代方孝孺《谈诗》说："举世皆宗李杜诗，不知李杜更宗谁？能探《风》《雅》无穷意，始是乾坤绝妙辞。"李杜自觉继承《诗经》的传统，他们的绝妙佳作才有法可依有章可循。

毫无疑问，对李杜与后世诗人影响最大的无过于这些缠绵悱恻的爱情诗了。《诗经》作为中国文学和精神世界的源头，其中一粒微尘足以铺垫日后文学宝库中的一块大陆，而这些令人心魄摇移的优美诗歌，正引领出中国浩浩荡荡的抒情传统，绵延至今从无断绝。

所谓伊人，未必为女

——《秦风·蒹葭》

蒹葭苍苍，白露为霜。所谓伊人，在水一方。
溯洄从之，道阻且长。溯游从之，宛在水中央。
蒹葭萋萋，白露未晞。所谓伊人，在水之湄。
溯洄从之，道阻且跻。溯游从之，宛在水中坻。
蒹葭采采，白露未已。所谓伊人，在水之涘。
溯洄从之，道阻且右。溯游从之，宛在水中沚。

元代吴镇绘《芦花寒燕图》

《蒹葭》是《秦风》名篇。秦国获封很晚。周幽王时，申侯联合犬戎进攻周都镐京，将周幽王袭杀于骊山之下。秦襄公率兵拥戴周平王，并派兵护送平王即位，因功被封为诸侯，赐予岐山以西的土地。秦国始封领地大致相当于今天的陕西大部及甘肃东部。这片地域乃是周人的发源地，但“迫近戎狄”，东周初年，周人对这一大片地区已无力控制。严迫的环境使秦人“修习战备，高尚气力”（《汉书·地理志》），养成了激昂粗豪的民风。《秦风》里的十首诗的内容，长于描绘征战之苦，赞颂军容之强，悼念良人之陨，多有慷慨悲凉的英雄气。而《蒹葭》这样情调凄婉缠绵、韵致缥缈深远的诗歌实是《秦风》中的另类。

全诗三章，每章八句。每章开头的“蒹葭”与“白露”，既是起兴，又是时节流转的具体呈现。首章开头，为我们呈现出一幅深秋破晓图。秋水浩渺，半枯芦苇沿着河岸绵延向远方，太阳刚刚露头，苇叶上霜花还未融化。晨光熹微中，诗人来到河边，追寻心中思慕的人儿。“所谓伊人，在水一方”，诗人望着眼前的苍苍芦苇，在一片冷寂与落寞中，她在哪里？诗人初望她时，似乎很确定她就在河水的另外一边，然而，当诗人望着伊人的身影，涉水前行时，那身影却又翻忽起来，仿佛就在水中央，仿佛又不在。伊人的身影在潋滟秋水的映衬下，仿佛透明。或许，这伊人的身影本就是诗人痴迷下生出的幻觉？

其实，这“在水一方”只是一个虚指，而非真实存在的具体方位和地点。它仅仅是隔绝不通、缥缈无踪的一种象征。诗人或许完全不知道伊人的居处，或许如同曹植所描绘的“东游江北岸，夕宿潇湘沚”的“南国佳人”一样，这伊人本就迁徙无定。但正是如此的不确定，诗人在绝望之望中努力追寻着，探索着。“溯洄”“溯游”意义多有分歧，或说是逆流而上，或说顺流而下，或是沿着弯曲的水道，或是沿着直流的水道。这水道的歧义难道不也正是诗人欲寻无路的象征么？

在其后中国文学的长河中，这种苦寻不得的追求频频出现。屈原《离骚》中高呼：“吾令羲和弭节兮，望崦嵫而勿迫；路漫漫其修远兮，吾将上下而求索。”求索而难得，甚至想让太阳缓停他的脚步。白居易《长恨歌》描写杨贵妃香消玉殒后，唐玄宗通过道士“上穷碧落下黄泉”，仍是“两处茫茫皆不见”。然而，屈原最终登上了昆仑见到了宓妃，唐玄宗终究在海外仙山上找到了已然成仙的杨贵妃，相约七夕重逢。《蒹葭》中的诗人却在一番艰劳的上下追寻后，伊人仍旧缥缈无定，芳踪难寻。

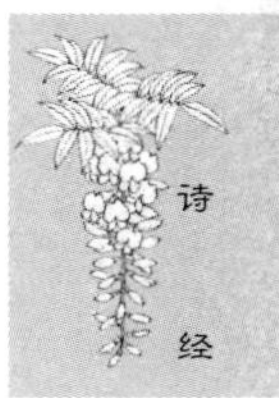

诗歌二、三章的文字略有改动，表现了时间和空间的推移。从首章的“白露为霜”的露珠初凝，到二章“白露未晞”的露珠渐渐干枯，再到末章“白露未已”的露珠几近消逝，日头逐渐升高。伊人的身影渐次出闪现在“水之湄”和“水之涘”，诗人追随伊人的身影，却发现忽在“水中坻”“水中沚”。

文字的改动还造成了韵脚的变化。首章“苍、霜、方、长、央”属阳部韵，二章“凄、唏、湄、跻、坻”属脂微合韵，三章“采、已、涘、右、沚”属之部韵。各章内部韵律和谐，各章之间韵律参差变化。

这首诗曾被认为是讥刺诗，《毛诗序》说：“刺襄公也。未能用周礼，将无以固其国焉。”是说讽刺秦襄公用周礼来巩固国家。清代学者姚际恒和方玉润认为是惋惜国君无法招引隐居的贤士。当代学者则大多数将此诗读为爱情诗。争论的焦点就在于“伊人”的性别。其实，在《诗经》中，伊人往往指男性。《小雅·

伐木》“相彼鸟矣，犹求友声。矧伊人矣，不求友生，神之听之，终和且平”，《小雅·白驹》“所谓伊人，于焉逍遥”，后世诗作中的例子如，“嬴氏乱天纪，贤者避其世。黄绮之商山，伊人亦云逝”（陶渊明《桃花源》），“伊人信往矣，感激为谁叹”（陈子昂《感遇之十六》），“国典唯平法，伊人方在斯”（李益《秋晚溪中寄怀大理齐司直》），“郎署有伊人，居然故人风”（王维《送陆员外》），“此夜金闺籍，伊人琼树枝”（张九龄《酬通事舍人寓直见示篇中兼起居陆舍人景献》）等等，不胜枚举。伊人的身份既不明显，踪影全无琢磨，《蒹葭》中诗人的追求注定是一场梦幻。

诗意的空幻无定虽带来了阐释的困难，却大大扩展了审美想象的空间。钱钟书《管锥编》中将“在水一方”作为企慕情境的象征，认为后世《古诗十九首》：“迢迢牵牛星，皎皎河汉女。……河汉清且浅，相去复几许，盈盈一水间，脉脉不得语”，《华山畿》：“隔津叹，牵牛语织女，离泪溢河汉”，孟郊《古别离》：“河边织女星，河畔牵牛郎，未得渡清浅，相对遥相望”等诗歌，都以《蒹葭》为源头。更进一步而言，这种求而不得的苦闷，或许正是人类存在的荒诞性的表现。当代戏剧家，诺贝尔文学获得者贝克特的《等待戈多》中，两个身份不明的流浪汉在无尽绵延的时空里，无尽地等待着身份不明、永不到来的戈多。《蒹葭》的主人公不也面临着这样的困境吗？他所追求的，永远在另一方，时空的阻隔使他完全无法确定，这位缥缈的意中人是美是丑。然而，却也正是这种求而不得，才令他不惜一切代价去上下求索。这种困境中的悖论，正如神话中的西西弗斯，永远推着大石头上山，而这石头却总会滚下。当哲人审视人类追求进步的步伐，追问人类的归宿，也往往会发现，一番艰难困苦之后，我们要追求的“伊人”依然不知芳踪何处。

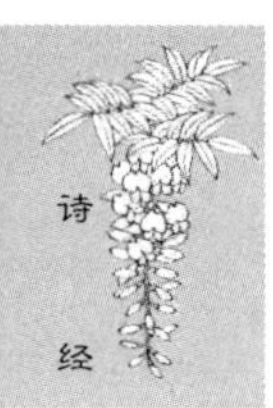

或许每位真正的求索者心中都存在着这样一位伊人，追求伊人的过程的意义远远超过了伊人本身。人的生存全部的价值和意义，就在于这永不停息的追求过程之中。

清露清眼，清扬婉兮

——《郑风·野有蔓草》

野有蔓草，零露漙兮。有美一人，清扬婉兮。邂逅相遇，适我愿兮。

野有蔓草，零露瀼瀼。有美一人，婉如清扬。邂逅相遇，与子皆臧。

《蒹葭》中求而不得的颓然感叹并不多见，《诗经》中的爱情多数能有一个好的结局，让我们先看看美妙的邂逅。《野有蔓草》这首诗，在典籍中曾出现两次，当然全都不是作为情诗被咏唱，而是在外交场合被用于“赋诗言志”。《左传·襄公二十七年》记载：郑简公在垂陇设享礼招待晋国的上卿赵文子，陪同者有子展、伯有、子西、子产、子太叔和两位名叫子石的大臣。赵文子说：“这七位跟从着君王招待我，这是赐给我的光荣。请求七位赋诗以完成君王的恩赐，我也可以从这里看到你们的志向。”其中子太叔就赋了《野有蔓草》这首诗。赵文子评价说：“这是大夫的恩惠。”

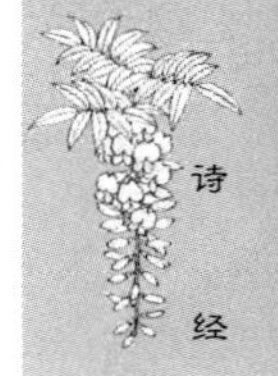

春秋时代所谓的“赋诗言志”，就是在外交中主客双方不直接表达自己的意见和态度，而是按照礼仪要求，表演《诗经》中的某首诗或诗中的某一段，对方就能心领神会其中的意思。赋诗言志并不会使用诗歌的原意，而是“赋诗断章，余取所求焉”，即断章取义，哪怕表演了全诗，宾主双方也都知道对方的意思只在于诗中的某一段甚至某一句。在这样的语境中，诗歌原意总是被扭曲的。子太叔和赵文子在宴会上的会面是二人第一次相见，赋《野有蔓草》，意思只在于“邂逅相遇，适我愿兮”八个字，是说不经意会见赵文子我感到很高兴，赵文子心领神会，谦虚地说这次会见是您赐给我的恩惠。

《野有蔓草》第二次出现在史书记载中是于鲁昭公十六年，这次还是在郑国，众位高官大臣招待晋国中军大将韩宣子。郑国的六卿子齹、子产、子太叔、子柳、子游、子旗为韩宣子在郊外饯行。韩宣子说：“请几位大臣都赋诗一首，我也可以了解郑国的意图。”子齹此时正在为父亲服丧，他赋了《野有蔓草》，也是取“邂逅相遇，适我愿兮”之意。韩宣子也谦虚地说：“孺子好啊！（得到您的青睐）我有希望了。”

但《野有蔓草》的本来面貌并非是外交仪式诗，而是一首描绘发生在仲春二月男女约会的情歌。仲春之月又称“媒月”，是周代“法定”的情人月，甚至还有专门的官员负责组织未婚的青年男女们约会、相亲。《周礼·地官·媒氏》记载：“仲春之月，令会男女。于是时也，奔者不禁。……司男女之无夫家者而会之。”在这个月里，男女在原野、城门外、河水边自由相会、恋爱。礼法在这个月也会网开一面，“于是时也，奔者不禁”，两情相悦以至于幽会、私奔之类的事情完全不禁止。近些年，每当三四月草长莺飞的时候，中国相亲大会、西湖白堤相亲会等活动如火如荼赚足眼球，就是“媒月”遗风。《野有蔓草》描绘的应该就是这一次相亲会上的邂逅。

全诗二章，每章六句。两章句意相似，章法、结构几乎相同，都是每两句一转。先写野外蔓草青青，露珠晶莹，一转至描写美人眉目清明，再转至诗人情感的喷薄抒发。只见仲春二月的清晨，红日初升，郊野上春草葳蕤，平展开来如茵如毯，露珠缀满草叶，映着朝阳闪闪发亮。

一位美丽的姑娘飘然而至，她和别人不一样，安静、独立、脉脉不语。她的美目露水般晶莹，眼波流转，与露珠的微光交映。诗人被这美景美人惊呆了，他浑然忘记一切，邂逅便一见钟情，心中暗暗发誓定要与她携手白头，共度余生。

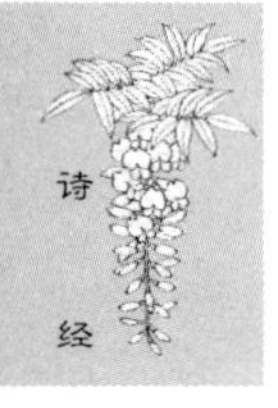

两章不同的地方有三处。一是上章押元部韵，下章第二句、第四句和第六句各替换两个字，韵脚随之变为阳部。二是上章连用三个“兮”字，声调较为绵延，吟咏之时，节奏较为缓慢。下章不用虚词，声调干脆利落，节奏较上章快一些。三是上章语意上落脚于纯心理活动，“适我愿兮”抒发一见倾心的情感；下章则转化具体行动上，“与子皆臧”，这是希望能与她携手同行，白头到老。押韵、声调和节奏的变化，配合着诗歌由心理描写到行动描写的转变，可谓声情并茂，情景交融。

诗句中最动人心魄的，是对姑娘眼睛刹那间美感的捕捉，和邂逅永结同心的唯美爱恋。孟子说：“存乎人者，莫良于眸子。眸子不能掩其恶。胸中正则眸子了焉，胸中不正则眸子眊焉。”（《孟子·离娄上》）观察一个人没有比观察他的眼睛更好的办法了。眼睛无法掩藏内心的邪恶。心胸正直，眼睛就明亮，心胸不正，眼睛就暗浊。马克思的老师黑格尔也说：“整个灵魂究竟在哪一个特殊器官上显现为灵魂？我们马上就可以回答说：在眼睛上；因为灵魂集中在眼睛里，灵魂不仅要通过眼睛去看事物，而且也要通过眼睛才被人看见。”（《美学》第一卷）。从《硕人》的“巧笑倩兮，美目盼兮”，到《野有蔓草》的“清扬婉兮”“婉如清扬”，《诗经》的作者们深谙“点睛”之道。在短短的诗篇中聚焦于流盼清婉的眼睛，姑娘的美丽顿时有了自己的灵魂。清扬，“眉目之间婉然美也。眉之下为扬，目之上为清”（《毛诗正义》）。姑娘的眼睛婉然而美，当青年男女注视着对方的眼睛时，也向对方敞开了自己的灵魂。透过清婉的眼睛，姑娘的灵魂如晶莹的露珠一样纯洁清澈，毫无遮掩地展现出来。这灵魂的交融超越肉欲的沉迷，跨过礼法的桎梏，淹平身份地位的鸿沟，邂逅的他们似乎在刹那间好像认识了一辈子。

清人绘苏小小像

同样是以露珠比喻眼睛，唐代李贺《苏小小墓》中的名句“幽兰露，如啼眼”，却让人低回婉转，心生怜悯。苏小小是南齐时钱塘第一名妓，因为相思而染上了风寒，再加上从小就患有咯血病，年方十九便香消玉殒。苏小小一生唯愿“生在西泠，死在西泠，葬在西泠，不负一生爱好山水”，死后就葬在杭州西湖北岸，孤山脚下，墓地和墓碑至今犹存。胸怀风光霁月，出淤泥而不染的苏小小未能等到托付终身的爱人，她悲哀的灵魂时时哭泣，如幽暗处兰花瓣上孤独的一滴露水，终归飘零。

邂逅便厮守终身终成正果的，或许只有《西厢记》中的张生和崔莺莺了。对中国古代情感压抑的青年男女，这样的人生不啻一袭美梦，更多的结局，当如唐代崔护《题都城南庄》所写到的：“去年今日此门中，人面桃花相映红。人面不知何处去，桃花依旧笑春风。”邂逅却分离，一声叹唱，千年怅惘。

硕大为美，寤寐无为

——《陈风·泽陂》

彼泽之陂(bēi)，有蒲与荷。有美一人，伤如之何。寤寐无为，涕泗滂沱。

彼泽之陂，有蒲与蕑。有美一人，硕大且卷。寤寐无为，中心悁悁。

彼泽之陂，有蒲菡萏。有美一人，硕大且俨。寤寐无为，辗转伏枕。

《泽陂》是《陈风》最后一篇，《毛传》认为此诗的旨意为："刺时也。言灵公君臣淫于其国，男女相说，忧思感伤焉。"说这是一首讽刺陈灵公和大夫孔宁、仪行父一起与夏姬通奸，导致国中男女风气败坏的诗。然而，我们在文本中实在看不出哪里和陈灵公有关系。品味此诗，应是一首君子在水岸边睹物思人的情歌。

三章大意相似，每一章都可以分为三部分。各章的第一部分都以蒲与荷起兴。首章言荷，是指荷花的茎。第三章写菡萏，指的是荷花的花朵。这两章都是用荷花比喻女子的美丽，前者比喻女子的体态，后者比喻女子的容貌。传说，吴王夫差为讨西施欢心，在现在的苏州灵石山为她兴建了一座规模宏大的馆娃宫，其中就有一汪专门共西施玩赏荷花的"玩花池"，至今古迹犹存。遥想当年西施凭栏赏荷，体态与荷茎一样苗条纤细，面容若荷花般红润娇嫩，怎不令人"寤寐无为"地思念呵。

莲鹤方壶

荷花在春秋时期具有特别的意义。1923年在河南新郑出土了一对春秋时期的大型青铜器——莲鹤方壶。此壶构图极为复杂，造型极为宏伟气派，铸作技艺卓越精湛，誉为“青铜时代的绝唱”。壶的顶盖作镂空花瓣形，壶身顶端一只仙鹤立于花瓣中间，昂首舒翅，引颈欲鸣，似是要冲破一切阻力飞翔。郭沫若称道“此鹤突破上古时代之鸿蒙，正踌躇满志，睥视一切，践踏传统于其脚下，而欲作更高更远的飞翔。”这只鹤正是早期中国人人性觉醒的象征，然而，壶顶的鹤并非无所依旁，而是屹立于交叠怒放的双层莲瓣中，荷花成为人性觉醒、绽放的直观表达。《泽陂》中以荷比喻美女寄托相思，正是人性解放的先声。

诗中第二章中的“蕳”应当写作“莲”，也就是莲子，也叫莲实，是以莲实比喻女子坚守信诺。这中比喻法被称作音义双关，同样的手法在《诗经》中也见于《秦风·黄鸟》：“交交黄鸟，止于棘。……交交黄鸟，止于桑。……交交黄鸟，止于楚。”“棘”比喻“急”，“桑”喻示“丧”，“楚”则比喻“痛楚”。在中国历史、文学和民俗中音义双关的手法更是蔚为大观。

《魏书·奚康生传》记载魏世宗赏赐枣、果，并口谕说：“果者，果如朕心；枣若，早遂朕意。”六朝诗歌《子夜歌》“莲子何能实”、《杨叛儿》“眠卧抱莲子”等，也用莲子比喻信诺。近代小说《儿女英雄传》：“亲友来送场，又送来状元糕、太史饼、枣儿、桂圆等物，无非预取高中占元之兆”，也用“枣”谐音“早”，“桂圆”谐音“贵元”。金庸《倚天屠龙记》中也用过此种手法。蝶谷医仙胡青牛为救主角张无忌的性命，用中药名暗示他赶紧逃走：“我开张救命的药方给你，用当归、远志、生地、独活、防风五味药，二更时以穿山甲为引，急服。”时至今日，结婚时往往会在洞房里放一些红枣、花生、桂圆、瓜子，以比喻“早生贵子”。这些文化现象，究其源头，就在《泽陂》第二章与《秦风·黄鸟》中。

诗歌的第二部分是第二章和第三章的三、四两句，集中笔墨回忆恋人的体态模样。“有美一人，硕大且卷。……硕大且俨”。“硕大”，也就是身材高。中国古代向来以高大为美。《卫风·硕人》开篇歌颂到：“硕人其颀。”孔子高大威猛，《史记·孔子世家》记载：“孔子长九尺六寸。”春秋的一尺大概为0.231米，这样算来，孔子身高大概2.22米，足够和姚明比肩了，在普遍身高“七尺有余”（1.61米左右）的春秋末期，孔子当然会被“皆谓之长人而异之”。

身材高大甚至被赋予某种神圣意味。20世纪80年代末，在河南濮阳县城西南隅的西水坡，发掘出6400年前仰韶文化时期的一组墓葬，墓主人左侧有蚌壳摆塑一只虎，头北面西，二目圆睁，张口龇牙。墓主右侧有同样用蚌壳摆砌的一条龙，头北面东，昂首弓背，前爪扒，后腿蹬，尾作摆动状，似遨游沧海，与我们常见的龙形象几乎完全一致，因此被称作“中华第一龙”。墓主人龙虎相伴的形象，与“黄帝骑龙而升天”和“颛顼乘龙而至四海”之类的传说相符，而墓主身高即达1.84米，这样的身高在当时是极为罕见的，至今出土墓葬中也唯此一例——也唯有此高大，才能和威猛龙虎相匹配。四川三星堆遗址中出土了距今5000年至3000年左右的青铜面具，其中一具一件面具高64.5厘米，宽138厘米，还有一具甚至宽1.32米、高80厘米，重达100公斤。这些祭祀用的高大面具，正反映了中国古人对高大身体的崇拜和向往。

“硕大且卷”和“硕大且俨”中的“卷”和“俨”，按《毛传》的解释，分别指容貌姣好和神情庄重而略带羞涩，这样秀美而羞怯的女孩子最容易引起男性的保护欲。《韩诗》中“硕大且卷”写作“硕大且(婘)”，“(婘)，重颐也”，就是面颊很丰润，用现在的话说，就是有些婴儿肥。诗人思念的女子并非绝世独立不食人间烟火，而是亲切实在有血有肉。中国古代女性以丰润为美的传统源远流长。《楚辞·大招》描写美人说“丰肉微骨，调以娱只”，又说“丰肉微骨，体便娟只”，还说“曾颊倚耳”，“曾”就是“重也”，“曾颊”和“重颐”异曲同工。以胖为美最著名的代表恐怕是唐代杨玉环了，《旧唐书》说她：“姿质丰艳。”“丰艳”二字与《泽陂》的“硕大”可谓暗合无间。

每章的最后两句构成了诗歌的第三部分。三章铺陈叠唱，直抒胸臆，诗人对恋人的思念喷涌而出，想想也是，这位美丽女子，身材高大苗条，面容白嫩丰润，神情庄重羞涩，正是每一位青年心中的完美爱人，与她分离当然“涕泗滂沱”，思念她必定“寤寐无为，辗转伏枕”啊。

三星堆青铜面具

心随麻软，晤歌晤言

——《陈风·东门之池》

东门之池，可以沤麻。彼美淑姬，可与晤歌。
东门之池，可以沤纻。彼美淑姬，可与晤语。
东门之池，可以沤菅。彼美淑姬，可与晤言。

《毛传》以为《陈风·东门之池》的题旨是“刺时也。疾其君子淫昏。而思贤女以配君子也”。将爱情与讽刺联系起来，未免穿凿附会。倒是提倡“存天理灭人欲”的朱熹一语中的，他说：“此亦男女会遇之词，盖因其会遇之地，所见之物以起兴也。”（《诗集传》）

全诗三章十二句，各章内容基本相同，反复歌咏描绘青年男女劳动时迸发爱情火花的场景。只是各章第六字和第十二字有所不同，仔细琢磨全诗，恰恰是不同的这六个字一一对应，在复沓的节奏中，若合符节地展现了劳动的进展和男女情感的推进，令人激赏。东门之池是陈国都城东门外的水池，沤就是长时间的用水泡。首章“沤麻”与“晤歌”相对应。麻是各类麻类植物的统称，晤就是对，对歌则必定要大声唱出来。玩味这两个字，我们可以清晰地感觉到，此时男女距离还比较远，只能看到对方是在沤麻，具体哪种麻草还看不清晰，说话也听不太清，只能大声歌唱才能让对方听到。一幅沤麻劳作中男女对唱的情景跃然纸上。

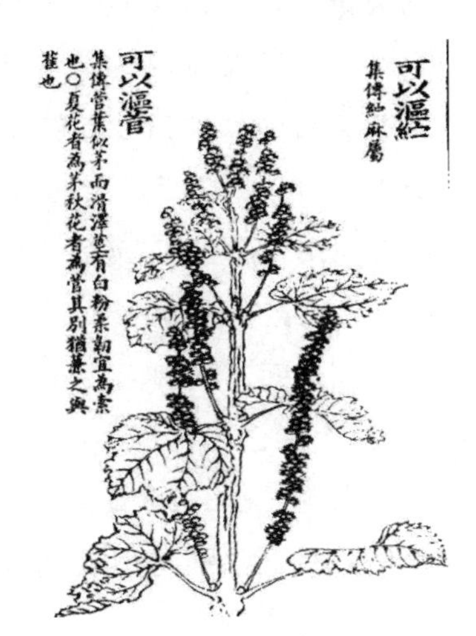

日本江户时代《毛诗品物考》所绘麻草图

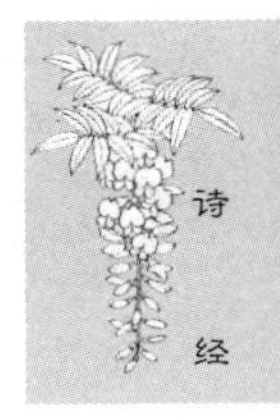

麻草本身比较粗糙，经过揉洗浸泡之后，能得到比较长又耐磨的纤维，是古时人们衣料的主要原料。官员上朝所穿和丧礼

时所穿的服装就叫“麻衣”,《曹风·蜉蝣》中说到“蜉蝣掘阅,麻衣如雪”指前者,《礼记·间传》中“又期而大祥,素缟麻衣”则是后者。“麻衣”用不加任何装饰的纯麻布制成。士大夫等下层贵族阶层和普通群众日常所穿不加彩饰的叫深衣,诸侯上朝、出使等重大场合穿的叫朝服。深衣和朝服也都以麻布原料。因此,制麻的市场非常广阔,也是春秋前后很长一段时间内农村中较为重要而常见的劳动之一。

种植、浸洗、梳理、纺织,一整套流程需要男性和女性合理分工,协同劳作。其实沤麻的水有非常强烈的臭味,而把长久浸泡的麻草从水中捞出,洗去麻秆上的黏稠浆液,剥离麻皮,是相当艰苦的劳动。但是,在这繁重的劳动中,青年男女共同劳作,互相对歌,爱情的萌芽茁壮成长了。外界的不适与劳作的繁重,在他们心灵热火的烧灼下,升华成了永恒爱情火焰的燃料。对歌求爱的传统延续到现在,成为中华大地各民族、各地区都可见到的一项文化传统。苗族、壮族、瑶族、侗族、布依族的对歌天下闻名,花儿、爬山歌、信天游长唱不衰,这些活动的源头都可以在“彼美淑姬,可与晤歌”中觅得踪影。

沤麻不单引发爱情,还曾经引发过争斗。《晋书·石勒载记下》记载:“初,勒与李阳邻居,岁常争麻池,迭相驱击。至是,谓父老曰:‘李阳,壮士也,何以不来?沤麻是布衣之恨,孤方崇信于天下,宁雠匹夫乎!’乃使召阳。既至,勒与酣谑,引阳臂笑曰:‘孤往日厌卿老拳,卿亦饱孤毒手。’因赐甲第一区,拜参军都尉。”石勒是十六国时期后赵建立者,也是世界历史上的唯一出身于奴隶而建立国家的英雄人物。他年轻时每年都和邻居李阳因争夺沤麻池而打架。当上皇帝后石勒不计前嫌,回乡宴请父老时特意请李阳前来,两人喝醉了,石勒抱着李阳的胳膊笑着说:“往日我受够了你的老拳,你也饱尝我的拳头,咱们扯平了。”更赐予李阳房产和参军都尉的官职,留下史上的一桩美谈。

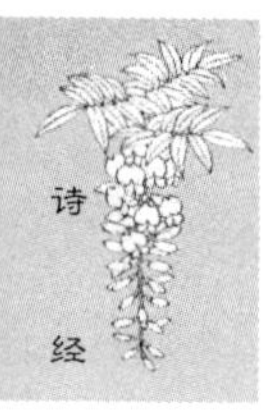

第二章中“沤纻”和“晤语”相对照。纻是麻草的一种,是质量很好的一种麻草。陆机说:“纻亦麻也……但得其里韧如筋者,谓之徽纻。今南越纻布皆用此麻。”晤语则是面对面说话。此时距离近了,已经能看到她或她沤的是质量极好的纻麻,两个人已经能面对面说话了。随着空间距离的缩短,心灵也离得更近了。从首章到二章,男女二人接近的过程被完全省略,被爱情捕捉后的悸动、躁动等心理虽未直接描写出来,但可以想见他们迫不及待地要见到对方,恨不得天涯缩为咫尺。

第三章,二人的情感有了进一步飞跃。这一章“沤菅”和“晤言”相对应。沤好的麻草被称作“菅”，诗人直接省略了漫长而辛苦的沤麻过程，直接将结果呈现出来。沤好的麻柔软而坚韧，比喻诗中男女的情感已经成熟。“言”则是张口伸舌讲话的象形，扬雄《法言·问神》：“言，心声也。”他们的距离更近了，从普通的面对面交谈更进一步，所说所语全是肺腑之言、衷心之语。他们的感情已经升华为心灵的交融。

“姬”并非诗中女子的姓，而是一种代称。孔颖达说：“美女而谓之姬者，以黄帝姓姬，炎帝姓姜，二姓之后，子孙昌盛，其家之女，美者尤多，遂以姬、姜为妇人之美称。”先秦时称女性某姬、某姜，和我们现在形容女孩子闭月羞花、沉鱼落雁一样。谁不想有这样一位爱人与自己心灵相通呢？相传，楚庄王曾命令使者用百斤金子聘请北郭先生做宰相。北郭先生回答说：“我有贫贱的妻子，想进去和她商量一下。”他立即回到内屋对自己的夫人说：“楚国想要让我做宰相，一旦做宰相，立即就车马众多，吃饭时饭菜满桌。你觉得怎么样？”北郭夫人说：“先生靠编草鞋赚钱养家，吃稀饭，穿草鞋，从来不忧虑什么也不恐惧什么，心安理得。这是因为不去治理人事啊。现在如果车马众多，你觉得舒适的也不过是一小块地方；食物满桌，吃到嘴里的美味也不过是一些肉。为了一小块地方和一些肉就把命都卖给楚国，值得么？”于是北郭先生就推辞了楚国的聘请，和妻子离开了。这就是《东门之池》中所说的：“彼美淑姬，可与晤言。”有这样一位深明大义的贤内助，真是人生幸事！

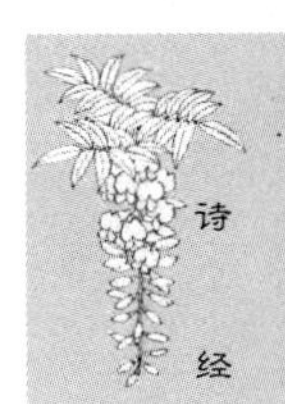

春游溱洧，洵吁且乐

——《郑风·溱洧》

溱与洧，方涣涣兮。士与女，方秉蕑兮。女曰观乎，士曰既且。且往观乎，洧之外，洵吁且乐。维士与女，伊其相谑，赠之以勺药。

溱与洧，浏其清矣。士与女，殷其盈矣。女曰观乎，士曰既且。且往观乎，洧之外，洵吁且乐。维士与女，伊其将谑，赠之以勺药。

《陈风·泽陂》和《陈风·东门之池》都是男性追求女性，《郑风·溱洧》则是女性占据了追求爱情的主动权，其情感之炽烈，行为之奔放，在《诗经》中罕有其匹。

全诗分二章，只在第二句和第四句更换几个字。每章皆可分为三层，前四句是第一层，落脚在"蕑"和盈。以寥寥四句描绘了溱水和洧水岸旁的春游图。"涣涣"写意而传神地令我们想起冰雪消融，桃花春汛，春风骀荡。春天在一片波光粼粼中已经降临到郑国大地！严寒的困扰与冰雪的封锁仿佛瞬间消退，人们经过一个冬天的蛰伏，猛然苏醒，恍若新生，"当此之时，众士与众女方执兰祓除邪恶。郑国之俗，三月上巳之辰，于此两水之上，招魂续魄，祓除不祥，故诗人愿与水悦者俱往观之"(《韩诗内传》)。"招魂续魄，祓除不详"，似乎有些神秘，还是郑玄说得好："各无匹偶，感春气并出，托采芬香之草，而为淫泆之行。"男女们勃发的相爱的渴望映衬着鼓胀的河水，流淌成漫天漫地的春光春意，那些招魂之类的风俗只是"士与女"在春游中谈

日本江户时代
《毛诗品物考》所绘兰草图

恋爱的借口而已。

其实,春游的习俗各朝各地皆有,并非总和恋爱联系在一起。《论语·先进》记载了孔子和他的徒弟子路、冉有、公西华、曾点的一次聚会,孔子让弟子们每人都谈谈自己的志向。子路、冉有、公西华都说完了,这时曾点弹琴正接近尾声,他不慌不忙地铿的一声弹奏最后一个音符,放下琴,缓缓站起来说:“我与他们三位不同。”孔子说:“说说有什么关系?只是各谈各的志向而已。”曾点说:“仲春三月,换上春天的衣服,约上五六位朋友,带着六七个童子,在沂水边沐浴,在高坡上吹风,一路唱着歌而回。这就是我的志向。”孔夫子听完感叹说:“我多愿意和你一起去啊。”曾点春游洒脱自在,风节高雅,是在自然中追求自由的、极为超迈的生命境界。

王羲之《兰亭集序》也是一次著名的春游记录:“暮春之初,会于会稽山阴之兰亭,修禊事也。”东晋穆帝永和九年三月三日,王羲之与谢安、孙绰等三十二位当世名士,在山阴绍兴兰亭举行聚会。会上用漆制的酒杯盛满美酒,放入之字形弯曲的水道中任其漂流,酒杯停在谁面前,谁就要写一首诗,否则就引杯饮酒,自罚一杯。《兰亭集序》就是王羲之为这次聚会所创作的诗集而写的序文,其手稿被称作“天下第一行书”。《兰亭集序》中记叙兰亭周围山水之美和聚会的欢乐之情,抒发好景难留、生死无常的感慨,令人追慕魏晋名士的绝世风范。

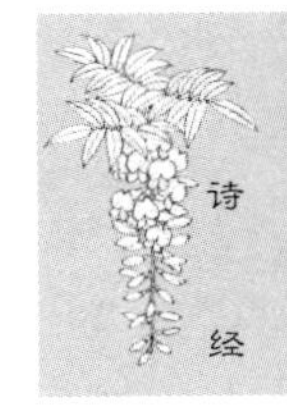

《溱洧》每章的五至八句为第二层,这是女子邀请男子的一段对话。第三层则写男子与女子共同游玩之后的事情。这两层是全诗的亮点。

与第一层中“士与女”泛指众人不同,这里的“士”“女”是特指,乃是人群中某对青年男女。诗意转折完成于不知不觉之间,了无痕迹,经此转折,仿佛镜头由宏观、远景的扫描,聚焦于主人公的面部特写。这一对有何不同之处呢?原来,并非是男子爱慕女子,而是女子主动、锲而不舍地追求男子。虽说先秦时候“存天理灭人欲”之类的礼教桎梏尚未大行于世,即使郑国的风气较其他诸国远为开放,女子公然追求男子,也足够独特了。然而诗人却并不觉得这样有什么不好,他如录音机一样录下了他们的对话,行文之间,对女子颇有赞赏。

总观这三层,《溱洧》的诗意绝非《毛传》所说:“刺乱也。兵革不息,男女相弃,淫风大行,莫之能救焉。”明明是男女相合偏偏说成“相弃”,如此迂腐,令人作呕。还是唐代大儒孔颖达对诗意的解释最为清楚,而且他罕见地没有以道德、讽刺之类的庞大叙事扭曲诗歌原意。孔颖达说:郑国肆意行乐的风气很盛行,这首诗就是描述男女行乐的事情。二月的溱水与洧水,春冰已经融化,水流涣涣，水势浩大，水面宽阔。每年这个季节，都有青年男女到水边田野来，无处不在的春天气息让他们春心萌动，他们假装是来采集香草，其实都期待着在田野相会，一起寻欢作乐。这时，一对青年男女见面了。女子先对男子说："你到宽阔的地方去游玩了么？"其实她的本意是要和男子幽会。男子不想和女子幽会，于是借口说自己游玩过了。女子听到男子推脱一下子就急了，立即劝他："哪怕暂时再回去看看也好啊。我听说洧河对岸非常宽阔，景色更好，一起去看看吧。"男子心动了，他们二人同去游玩。这时，四周寂静无人，只有他们两个。二人在欲望的驱使下共赴幽山。临分别的时候，男子舍不得女子，就送给她一束芍药花，约定以后寻机幽会。

看，这就是《溱洧》的故事，短短两章，从甫一相遇女子便性急且大胆地发出邀请，男子先是推脱然后答应，再到二人迫不及待地共渡云雨，最后互赠信物约定再会，活脱脱就是一场风光旖旎的情景剧，青年男女们洵吁且乐，道学家们只能瞠目结舌。怪不得，当颜渊问如何才能治理好国家时，孔子特意捻出"郑声淫"，要坚决地"放郑声"——这样洒脱的人生，天然就是自由而无法压制的。后世《汉书》也记载汉哀帝曾下诏："郑声淫而乱乐，圣王所放，其罢乐府。"不过，圣人的教化和国家权利，从来都不能消灭人类追求爱情的天性，万世之师的孔子也只能感叹："恶郑声之乱雅乐也。"上至帝王下至百姓，大家都喜欢郑声，没人天天把雅乐哼在口头。表达人类自由情感的歌声，从来都能超越雅乐之类的政治主旋律，永唱人间。

有女如玉，密会私语

——《召南·野有死麕》

野有死麕(jūn)，白茅包之。有女怀春，吉士诱之。
林有朴樕，野有死鹿。白茅纯束，有女如玉。
舒而脱脱兮，无感我帨兮，无使尨(máng)也吠。

在《陈风·东门之池》中，青年男女只是晤歌、晤语、晤言，通过语言的沟通达到心灵交融的纯爱之境。在《召南·野有死麕》中，青年恋人已经不满足于此，开始幽会了。不只幽会，奔放如《溱洧》尚隐去了幽会的具体场景，留下一份悬念。《野有死麕》还把幽会场景一一呈现了出来。封建时代的论诗者，挖尽心思各使神通要将此诗的题旨扭转为道德训诫，对此，顾颉刚先生说："《召南·野有死麕》是一首情歌。……可怜一班经学家的心给圣人之道迷蒙住了！卫宏《诗序》云：'被文王之化，虽当乱世，犹恶无礼也。'郑玄《诗笺》云：'贞女欲吉士以礼来，……又疾时无礼，强暴之男相劫胁。'朱熹《诗集传》云：'此章乃述女子拒之之辞，言姑徐徐而来，毋动我之帨，毋惊我之犬，以甚言其不能相及也。其凛然不可犯之意盖可见矣！'经他们这样一说，于是怀春之女就变成了贞女，吉士也就变成强暴之男，情投意合就变成无礼胁迫，急迫的要求就变成了凛然不可犯之拒。"不过，只是把此诗定为情歌或许还不太精确，《野有死麕》应该是一首很有趣的、颇具戏剧色彩的爱情叙事诗。

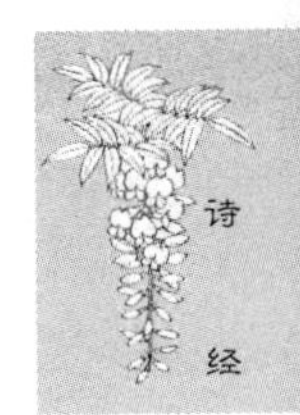

明代唐寅绘《仕女图》

全诗三章，前两章诗人以旁观者的视角白描男女幽会于原野，每一章都是独立的一幕。首章是幽会的前奏曲，只见野外有一头死鹿，小伙子用白茅细心地把鹿包好。有位少女春心荡，小伙追着来调笑。幕布降下又升起，第二章开始，他们笑笑跑跑，来到一片灌木丛生的树林里。看见有只小死鹿，小伙子用白茅捆扎了，他要献给谁？你看，有位少女颜如玉。这两章有情有景，有人物有行动。场景转换之间，虽未描写小伙子如何勇敢，姑娘如何美丽，二人如何尽情享受青春爱情的欢声笑语，但正是这留白让我们足够驰骋自己的想象，可谓韵味无穷。

两章中小伙子求爱的礼物都用“白茅”包裹，独具深意。《小雅·白华》也曾用白茅做绳子：“白华菅兮，白茅束兮。之子之远，俾我独兮。”看似不起眼的茅在春秋以前其实是贡品，主要用途有两种。一是用于制作祭祀所用的酒。祭祀前先要制作祭酒，将茅、酒曲和米饭一起搅拌均匀，蒸煮之后米饭慢慢发酵，渗出的汁液就是酒，然后茅过滤掉酒渣，把酒浆装进大缸沉淀。最后将祭酒装入陶瓶，在瓶口系上一束茅草，祭酒就制成了。为什么要用白茅制作祭酒呢？明代的李时珍《本草纲目》曾写道：“白茅短小，三四月开白花成穗，结细实。其根甚长，白软如筋而有节，味甘，俗呼丝茅，可以苫盖，及供祭祀苞苴之用。”原来白茅味道甜美，制成的酒别有一番甘甜香味，怪不得制酒的每一步都离不开它。

祭祀时还要用到茅草。把一束茅草立在祭坛前，由上而下缓缓浇下祭酒，酒液沿着束茅渗入土地中，慢慢消失，好像被神喝掉了，这一过程称为缩酒。《左传·僖公四年》记载：齐国宰相管仲率兵征伐楚国，列举楚国数条罪名，其中第一条就是没有及时向周王进贡缩酒用的茅草。至今韩国江陵的端午祭祀活动中，用苞茅祭酒的遗风犹存。

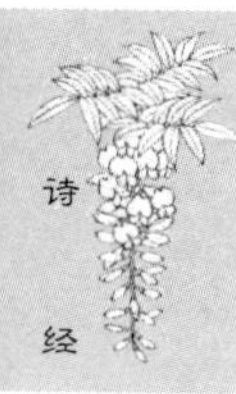

白茅第二种用途更为神圣，《韩诗外传》记载天子的社坛直径五丈，东方铺青土，南方铺红土，西方铺白土，北方铺黑土，社坛中央用黄土盖住。每当诸侯新获分封时，就要取所封地方的土壤，铺在白茅制成的席子上，用来祭祀农业神后土，才能完成分封仪式，正式成为一方诸侯。《史记》中也有类似的记载。白茅的作用可谓神圣，因此白茅又被尊为灵茅。小伙子用祭神的茅草仔细包裹野鹿，这已经超越了荷尔蒙爆发式的欲望，他对姑娘的情感也不是单纯以占有为目的，更非不负责任地爽一把，而是虔诚之爱，是以爱为信仰。

让小伙子如此倾心的姑娘自然不平凡，诗中赞美她“有女如玉”。在先秦，玉是道德的象征。《礼记·聘义》中曾记载子贡与孔子的一段对话，子贡问是不是因为玉比较少见，所以君子以玉为贵呢？孔子回答说：“不是的。古代的君子就用玉来比喻人的德行：玉温和润泽，像仁；质地缜密花纹条理，像智；有棱角却不会割伤其他东西，像义；玉垂挂着如同下坠的样子，像谦卑有礼；敲击玉，声音刚开始清越悠扬，然后就绝然停止，像音乐；玉的瑕疵和美好的地方从来不互相遮掩，像忠；玉的色彩外露不隐晦，像诚；其光耀如同白虹，具有天的性质；其精神显露在山川中，具有地的性质；珍贵的圭璋能单独送达给国君，像德；天下没有人不看重它，像道。”你看，孔子在玉身上寄托了几乎所有的高尚道德。

陕西张家坡出土
西周玉人

在《诗经》的其他篇章中，玉也用来比喻君子，如《魏风·汾沮洳》：“彼其之子，美如玉。美如玉，殊异乎公族。”《秦风·小戎》：“言念君子，温其如玉。”《小雅·白驹》：“生刍一束，其人如玉。”那么，“如玉”的美女并非是浪荡随意的女子，而是一位道德高尚的“女君子”。

不过，女君子也无法阻挡爱情的侵袭，幽会中单独面对心上人，她的表现也和正常人一样。《野有死麕》末章好像一个录音机，把她幽会时的言语活脱生动地录了下来。只听她说：“爱人你慢慢来啊少慌张！不要动我的佩巾！别惹狗儿叫汪汪！”这意味深长令人浮想联翩的末章，也曾被焚琴烹鹤拿去做了“外交诗”。《左传·昭公元年》记载：那一年的四月，郑简公设享礼招待赵孟。宴会上郑国大臣子皮为赵孟赋了《野有死麕》的最后一章，赵孟赋《常棣》来答谢，同时说：“我们兄弟亲密而安好，可以别让狗叫了。”美女大胆幽会时欲拒还迎的言语，被比喻做兄弟之间的亲密之情，真真令人胃口大坏！

你看，男子的情感炽烈、行为大胆，女子的含羞微嗔、欲据还迎，狗儿汪汪叫了几声就呜咽地安静下来，诗歌没有明言之后的进展，留给了我们些微悬念，然而之后怎么样，你懂的。

四美并具，舞！舞！舞！舞！

——《陈风·东门之枌》

东门之枌，宛丘之栩。子仲之子，婆娑其下。
谷旦于差，南方之原。不绩其麻，市也婆娑。
谷旦于逝，越以鬷(zōng)迈。视尔如荍(qiáo)，贻我握椒。

《东门之枌》出自《陈风》，《毛传》再次发挥它扭曲诗意的特长解释这首诗的题旨："疾乱也。幽公淫荒，风化之所行。男女弃其旧业，亟会于道路，歌舞于市井尔。"意思是这是讽刺淫乱的诗歌。陈幽公荒淫不堪，上梁不正下梁歪，陈国的男女们抛弃了自己的职业和正经事儿，迫不及待地在路上幽会，在市场里歌舞。其实，当我们摒弃这些迂腐的道学有色眼镜，这应该是一首描写男女享受爱情之乐的情歌，朱熹《诗集传》就说："此男女聚会歌舞，而赋其事以相乐也。"而且，和《陈风·宛丘》一样，诗中男女表达情爱的方式反映了陈国独有社会风俗。

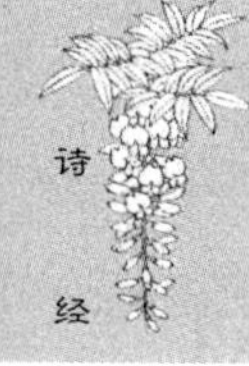

战国铜壶所刻舞乐图

全诗三章，并未采用《国风》其他篇章常用的复沓铺陈手法，而是分别写了三个不同的场景。朱熹以为首章的"子仲之子"是陈国大夫子仲的女儿，若是如此，全诗都以诗人全知全能的视角，写女子的舞蹈与言语，虽然也颇为动人，但总嫌单调。何况，先秦极少用“子”来称呼女子。“子仲之子”应该是一位美男子。这样的话，孔颖达对诗歌内容的描述就非常精确，他说：首章是单独描绘男子在东门外的榆树和栩树下婆娑起舞。

后二章的前二句都是描绘女子等待着一个良辰美景，去和男子幽会。后二句言明歌舞的地点，直描男女幽会时互相说的话，相说之辞。孔氏的解说可谓通达诗意。首章中子仲之子并没有舞伴，是独舞者。正是他的婆娑舞姿撩动了女子的心弦。中国古代向来有“诗言志”和“乐为心声”的传统，舞蹈和音乐、诗歌一样，都能直接展现人的心灵。电影《黑暗中的舞者》以舞蹈对抗生活的残酷，《黑天鹅》中的独舞者以唯美芭蕾对抗灵魂的割裂，柏林金熊奖《白日焰火》剧末主人公的凌乱自舞，莫不给人山崩海啸一般的心灵震动。子仲之子的婆娑舞姿，谁能否认是“舞为心曲”呢？

第二章中的“谷旦”和“南方之原”别有意味。“谷旦”，谷的意思是善，旦就是清晨，谷旦意为选择一个明媚的清晨。这天要做什么呢？依照陈国风俗，“谷旦”就是用来祭祀求子的歌舞狂欢日。《汉书·地理志下》记载陈国位于淮水南岸，原是太昊之虚，陈国的祖先是舜，周武王伐商之后寻访舜的后人，找到了妫满，把他封到陈国，并将自己的长女大姬嫁给了他。大姬身份尊贵，却非常喜好祭祀，重用史官和巫师。大姬没有生育，她为了能拥有自己的孩子，经常祭祀求子，而祭祀必定要用到歌舞。

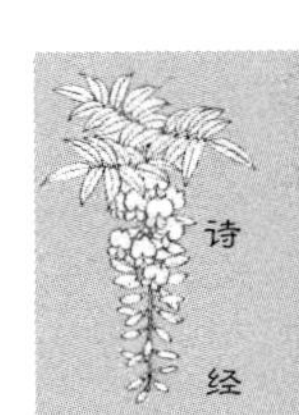

上有所好，下必甚焉，陈国的人民追随大姬，形成了“好乐巫觋歌舞之事”的风俗。自然，这一风俗就与求子、男女恋爱息息相关了。在这一天男女放开顾忌，歌舞狂欢，自由恋爱乃至幽会。魏晋流行的上巳节就是此类风俗的遗存，《太平寰宇记》记载魏晋时四川横县有一座玉华池，每年三月上巳都有人在池边求子，他们用渔网搜索池底，得到石头就意味能生男孩，得到瓦就生女孩，据说自古就很灵验。

唐代白陶对舞俑

举行狂欢就在“南方之原”，就是城池南方又高又平的原野。揣摩诗意，女子主动选择了一个良辰美景，在南方高平的田野上，她抛开织麻的营生，——为生存而屈从的庸俗生活，繁重的日常劳动，都成了追求爱情的阻碍，抛开！——子仲之子来了，他也舞动起来，女子迎合着他的翩然起舞。碾碎，这礼法的桎梏，庸重的生活，劳动的辛苦，生活的艰辛；婆娑，这青春的回旋，心灵的共鸣，人性的光辉。水乳交融的舞蹈融合了二人的心灵，当狂欢的烈焰逐渐雌伏，他们互赠信物相约来日。"荍"，又名荆葵，形似芜菁，色绿，开紫花，而椒则是降神之物，屈原《离骚》中歌咏道："巫咸将夕降兮，怀椒糈以要之。"子仲之子和女子心灵交融跳舞时，都是佩戴着降神之物。他们的舞蹈与爱情见证于神灵。

这不由得让人想起电影《艺术家》片末的双人舞，男女主人公相拥婆娑起舞，他们历经波折终成眷属开启崭新生活时，千言万语都难尽，唯有尽情舞蹈。在神灵的见证下，与心爱之人狂欢舞蹈，新的生活就此展开，真可谓良辰美景赏心乐事四美皆具，人性解放即为神性。Let's dance!

电影《艺术家》剧照

有女如云,匪我思存

——《郑风·出其东门》

出其东门,有女如云。虽则如云,匪我思存。缟(gǎo)衣綦(qí)巾,聊乐我员。

出其闉(yīn)阇(dū),有女如荼。虽则如荼,匪我思且。缟衣茹藘(lǘ),聊可与娱。

紧接上文。诗人与心爱的女子约定了相会的时间,心急难挨,先出城等待她。《出其东门》从文本上看,正是诗人即景抒情,歌咏自己在东门外的所见所思。

不过《毛诗序》却以为是:"闵乱也。公子五争,兵革不息,男女相弃,民人思保其室家焉。"

公子五争,指的是公元前701年至公元前680年间,郑国长达二十年的政治动乱。公元前701年,有"春秋小霸"之称的郑庄公去世。郑庄公一生战无不胜,攻无不克,曾任周王朝"卿士",挟天子以令诸侯。他最大的贡献在于通过各种手段,使建国于西周末期的小小郑国在东周初年率先崛起,"小霸"天下。毛泽东曾感叹说:"春秋时候有个郑庄公,此人很厉害。"秦皇、汉武、唐宗、宋祖也不过被毛泽东用"略输文采、稍逊风骚"一笔略过,郑庄公的能耐可见一斑。然而,晚年他犯了两个致命失误,直接导致了公子五争。

一是生前没有明确将继承权交给太子忽。以至于庄公一死,另一位王子公子突立即在宋国的支持下与太子忽争夺王位。同年九月,太子忽逃到卫国,公子突即位,称为郑厉公。四年后的公元前697年,太子忽借助卫国的军事力量重新夺回王位,号称昭公,厉公逃到蔡国,后居住在栎,也就是现在的新蔡。郑国形成昭公与厉公两君并立的混乱局面。

郑庄公的第二个致命失误是重用了高渠弥。公元前707年,庄公不顾太子忽的强烈反对，执意任命高渠弥为卿。太子忽即位之后，高渠弥害怕昭公杀害自己，在公元前695年的某天，趁昭公出城打猎之机，射杀了昭公。随后，高渠弥与权臣祭仲合谋改立昭公的弟弟子亹为国君。

子亹年轻时曾经和尚未即位的齐襄公打架，彼此有仇。公元前694年，齐襄公在卫国的首止召开盟会，公子亹与高渠弥一同前往。盟会上，子亹与已经即位的齐襄公会面，却没有就从前打架的事情道歉。齐襄公一怒之下设埋伏杀死了子亹。高渠弥逃回郑国，和祭仲从陈国迎回公子仪，立为郑君。公元前680年，另一位大臣傅瑕杀了子仪，郑厉公重新登上郑国国君之位。至此，长达二十年的“公子五争”尘埃落定。然而长期的纷乱极大地削弱了郑国的国力和威望，郑国彻底丧失了崛起的机会，失去了成为政治、军事强国的可能，成了春秋时期的一个二流国家。

这样一段纷繁复杂的历史，用短短几句诗歌显然交代不清楚。也很难想象，在“兵革不息，男女相弃”的动乱之中，美丽的女子居然会盛装出游，以至于“美女如云”“美女如荼”。所以朱熹《诗集传》认为此诗“人见淫奔之女而作此诗。以为此女虽美且众，而非我思之所存，不如己之室家，虽贫且陋，而聊可自乐也”。这是把诗歌当做君子安分守己、安贫乐道的自我表白。还是清代姚际恒说得好：“小序谓‘闵乱’，诗绝无此意。按郑国春月，士女出游，士人见之，自言无所系思，而室家聊足娱乐也。男固贞矣，女不必淫。以‘如云’‘如荼’之女而皆谓之淫，罪过罪过！”不过诗人所思念的“缟衣綦巾”的女子未必是他的妻子，清代马瑞辰说“缟衣为未嫁女所服之”。可见，这首诗是君子春日出游时思念自己恋人的情歌。

唐张萱《虢国夫人春游图》

郑国的风气颇为开放，《郑风》中男女幽会、调笑、定情的诗篇很多。《出其东门》别具一番特色。全诗两章，笔法相同，都是先以诗人的主观视角，复沓咏唱仕女出游的盛景。“出其东门，有女如云”“出其闉阇，有女如荼”，在迈出东门的一刹那，诗人无疑被这“如云”“如荼”的盛大场景吸引了，他毫不掩饰自己的惊讶和赞叹。“如云”“如荼”短短四个字，却层次丰富。“如云”摹写众女皮肤光洁，体态轻盈，在飞彩流丹中，她们愈加显得光彩照人；“如荼”状写女子正值青春，恰似百花盛开，笑靥如花般生机灿然。面对如此众多又美丽的女子，谁能不神魂颠倒怦然心动？

然而，诗歌却毫不停息地从外部的诗人所见，转向了内在情感的抒发。“虽则如云，匪我思存”“虽则如荼，匪我思且”，“虽则……匪我……”的转折以决然的语气，明确说主人公真正的思恋对象并不在此。紧接着，诗人歌咏到“缟衣綦巾，聊乐我员”“缟衣茹藘，聊可与娱”。“缟衣綦巾”“缟衣茹藘”，朱熹《诗集传》说这是“女服之贫陋者”。我们的主人公所矢志不渝的爱人正是这样一位贫民之女！在如云如荼的美女中，没有华丽的衣裳，只穿素衣带了一抹绿头巾和红佩巾的她，如清水芙蓉，娴静而淡然。中国古人一向以淡为美，平淡是绚烂之极致，清水芙蓉与错金镂彩之间，中国人本能地会选择前者。诗人念念不忘的“缟衣”“綦巾”“茹藘”的女子，才是中国古人心中的完美形象。浮躁的现代人借助名牌衣饰、艳妆浓抹甚至各种手术，能轻易地“如云”“如荼”，“落花无言，人淡如菊”的女子，只能退隐成传说了。

诗中用“云”和“荼”二字比喻女子形成对照，还隐藏了另一层意蕴，那就是用以比喻女子的性情。白云随风飘荡，白花随意摇摆，云和荼一样的女子，怎会忠贞于海枯石烂的爱情？ 而这身处贫贱的女子，才能和诗人心心相印，不离不弃。“聊乐我员”一句，《韩诗》写作“聊乐我魂”，“魂，神也”。 他的爱情的追求超越了外貌、体态、肉欲、财富和地位的桎梏，是灵魂的欢乐。神魂契合，不计其他，这样纯粹的爱情，在当代肉欲横流、感情与荷尔蒙混淆的爱情烟火中，恐怕会被当做另类吧。

荑草虽贱，美人之贻

——《邶风·静女》

静女其姝，俟我于城隅。爱而不见，搔首踟蹰。

静女其娈，贻我彤管。彤管有炜，说怿女美。

自牧归荑，洵美且异。匪女之为美，美人之贻。

《静女》一诗的题旨曾多有争论。《毛诗序》说："《静女》，刺时也。卫君无道，夫人无德。"将诗旨定为讽刺卫国君主和王后。

王先谦《诗三家义集疏》中集录齐诗，说："此媵俟迎而嫡作诗也。"清朝人戴震《毛郑诗考证》说："此媵俟迎之礼，诸侯娶一国，二国往媵之，以侄娣从冕而亲迎，惟嫡夫人耳。"古时候某国君主娶正妻，女方的同姓之国往往要陪送女子，作为正妻的陪嫁和新郎的妾，陪嫁的女子被称作媵。被齐诗这么一解释，《静女》成了正妻对陪嫁女子的思念——附会之处令人瞠目结舌。

直到宋人欧阳修《诗本义》方才直面诗句，说到"此乃述卫风俗男女淫奔之诗"。朱熹《诗集传》也说："此淫奔期会之诗。"《静女》这才逐步恢复了爱情诗的本貌，时至今日，大概不会有人否认，这是一首杰出的爱情抒情诗了。

诗中开篇就用一个字直击这位女子美丽的本质："静"。《毛传》解释这个字说："静，贞静也，女德贞静而有法度乃可悦也。"还是说女子有德行，迂腐。朱熹《诗集传》的解释较为合理："静者，闲雅之意。"闻一多则认为静就是小，静女就是少女。他认为包含"青"的字都有小的意义，并举精、靖、蜻、鶄等字为例，"是静亦当有小意。静女犹淑（叔）女、季女，皆少女也"。结合朱熹和闻一多的解释，我们就对静女就有了大致的印象：她年龄不大，做事不慌不忙，娴静雅致。不单如此，在主人公的记忆中，这位静女的容貌既"姝"又"娈"，"姝，美色也"，诗人并未笨拙地直接描写恋人的容貌体态之类，而是用两个简单的字定性，具体如何，都交给读者们去想象和填补。

对这位静女的等待和思恋，贯穿于全诗三章之中，每章的诗意层层递进，层级井然。诗章开篇是男子在城墙一角等待静女的场景：他们约好了在城墙的一个角落会面，男子早早来到约会地点急不可耐地等待着。他的意中人却迟迟没有出现，男子四出张望，看不到恋人的身影，他一筹莫展，只能抓耳挠腮，来回踱步。“搔首踟蹰”四个字，极为准确地摹刻小伙子的小动作，精细地反映出他焦急的心情，栩栩如生地塑造出一位为爱痴迷的有情人形象。

焦急的等待，静女还没有出现，小伙子的一腔痴情无处寄托，于是只好取出恋人送给他的彤管，睹物思人，聊寄相思。二、三两章从诗意来看是倒叙：先是第三章女子“自牧归荑”，然后才应当是二章的“贻我彤管”。这种倒叙恰恰符合回忆和联想由近及远的特征。男子一低头，看到心上人赠送给自己的鲜红笔管，立刻想到恋人娇嫩的容颜，发出会心的微笑。

强烈的思念之情稍稍平复，小伙子又想起恋人赠送自己的荑草。一般说来，彤管的价值远远比荑草贵重，但主人公对受赠的彤管只是简单地说了句“彤管有炜”，色泽鲜艳而已。而对普通的荑草却由衷地赞叹“洵美且异”。这洁白的荑草固然美好，但它的价值不在于有多么珍贵，而在于荑草是恋人亲赴远郊亲手采来。荑草“可以供祭祀”，这是定情的信物，婚姻的约定。正所谓“千里送鹅毛”，物微而意深。男子对荑草的爱全然出于对恋人的爱，这爱已经超越了对外表的迷恋和物质的桎梏，进入追求内心和谐的更高层次。

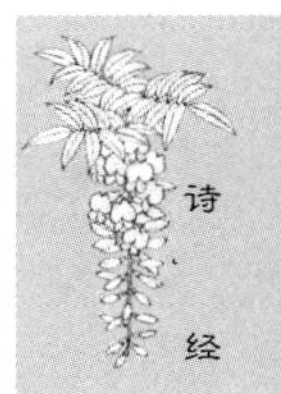

全诗语言洗练，构思灵动，读完此诗，痴心小伙子的浓情爱意如一杯醇酒，浓厚而纯净，感动于此，还需要说些什么呢？深厚的爱情面前，一切语言其实都是多余的。

投桃报李，永以为好

——《卫风·木瓜》

投我以木瓜，报之以琼琚。匪报也，永以为好也。
投我以木桃，报之以琼瑶。匪报也，永以为好也。
投我以木李，报之以琼玖。匪报也，永以为好也。

《诗经》中的信物，不但有彤管、荑草，更著名的是《卫风·木瓜》中的木瓜、木桃和木李。此诗的木瓜，并非《红楼梦》中摆放于秦可卿房间那“安禄山掷过伤了太真乳的木瓜”，也不是我们日常所见的水果，而是用木头雕刻，用以祭祀的一种“假果”。关于《卫风·木瓜》的题旨，《毛诗序》曾有详细的解释：“美齐桓公也。卫国有狄人之败，出处于漕。齐桓公救而封之，遗之车马器服焉。卫人思之，欲厚报之，而作是诗也。”这段话所说的是春秋时候卫国的一段惨痛历史。

当初，卫国国君卫懿公玩物丧志，嗜爱养鹤，甚至给鹤封官：上等鹤享受大夫俸禄，较次的享受士的俸禄。他外出游玩必定将鹤载于车上，号称“鹤将军”。如此不理朝政，漠视民疾，卫国民怨沸腾，国势逐渐衰弱。公元前660年十二月，北方的狄人趁机攻打卫国。卫懿公准备发兵抵抗，大臣都说：“您好鹤，可以命令鹤出战”。卫懿公向国人们授予兵器，发动民兵，国人都说：“叫鹤去抵抗敌人吧，它们高官厚禄，我们哪里能够打仗呢！”众叛亲离的卫懿公无奈之下，只能带领少数亲信迎敌，兵败被杀。狄人乘胜追击，大肆杀戮，卫国惨遭覆灭，屠刀之下，国都的遗民只剩下七百三十余人，加上卫国其他城市的遗民，也只有五千人左右幸存下来。灭国之惨痛，难以言表。

随后卫戴公临危即位，暂时寄居在曹邑。这时，齐桓公派遣公子无亏率领战车三百辆、披甲战士三千人守卫曹邑，赠送给戴公驾车的马匹、祭服五套，牛、羊、猪、鸡、狗各三百头，还有建筑房屋用的木材若干。赠送给卫戴公夫人用鱼皮装饰的车子，上等的绸缎三十匹。没想到卫戴公即位一年就病死了，卫国重现危局。还是齐桓公出手,命公子无亏出兵打败狄人,并在楚丘(今滑县东)重建卫都,卫国得以复国。

齐桓公若此时吞并卫国,不费吹灰之力。但他并未乘人之危,而是于两次危急时刻出兵挽救卫国,对卫国实有重生再造之恩,卫国人民心存感激。从《木瓜》的诗意看,报答和永结同心的意愿很明显,更含有一股忠厚之意,并非全然是缠绵悱恻的男女之情。《左传·昭公二年》记载晋国的韩宣子出访齐国后来到卫国聘问,卫襄公设享礼招待他。卫国大臣北宫文子赋《淇澳》这首诗,以此来赞美韩宣子有武公之德。韩宣子赋《木瓜》作为回报,就取"匪报也,永以为好也"的意思。

西周虎形玉佩

钱钟书先生评价此诗说:"此则施薄而报厚也。"并举后世祭祀、拜佛等生活中常见的事情为例。其实想想,我们祭祀祖先不过用一些酒肉,叩拜佛祖菩萨不过用些香火,往往要求祖先、佛祖、菩萨保佑风调雨顺、平安健康,求取功名利禄等,这不是信仰,更和虔诚无关,不过是和祖先、佛祖、菩萨做交易而已。张尔歧曾经讽刺说:"希冀念炽,悬意遥祈,当其舍时,纯作取想,如持物予人,左予而右索,予一而索十。"想想古往今来的所谓"交际"、"人事"、贿赂和受贿等等,不都是如此么?能像《木瓜》这样施薄而报厚、永结同心的能有几人呢?

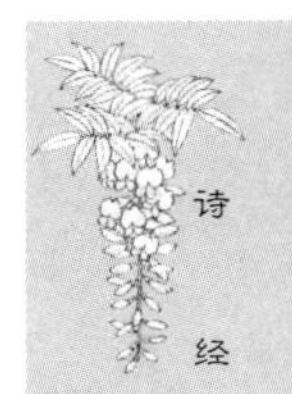

周行高冈，情满天下

——《周南·卷耳》

采采卷耳，不盈顷筐。嗟我怀人，寘彼周行。
陟彼崔嵬，我马虺隤。我姑酌彼金罍，维以不永怀。
陟彼高冈，我马玄黄。我姑酌彼兕觥，维以不永伤。
陟彼砠矣，我马瘏矣。我仆痡矣，云何吁矣。

离别与怀远是人类精神世界中永不褪色的情感，也是《诗经》中的常见主题。《周南·卷耳》就是这样一篇记叙离别、抒发思念的名作。旧时《毛诗序》曾说此诗："后妃之志也，又当辅佐君子，求贤审官，知臣下之勤劳。内有进贤之志，而无险诐私谒之心，朝夕思念，至于忧勤也。"认为此诗表现的是后妃希望能有贤人辅佐自己的丈夫，有推荐贤人之心又怕被怀疑，因此忧劳过度。此说迂阔可哂。朱熹首先提出此诗乃抒发思念之情，不过却说是文王的妻子太姒思念文王，未免求之过甚，过犹不及。

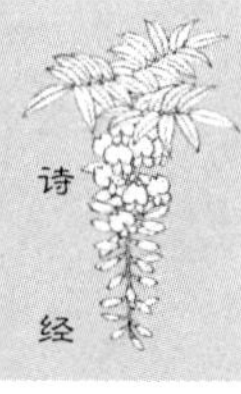

《卷耳》四章，篇章的结构可谓匠心独运。

首章是女子自道。她出门采集卷耳，采啊采，半天也不满一小筐。卷耳又名苍耳，果实色青，状若枣核，上有钩刺。在采摘的时候钩刺往往钩住人的衣服。女子看到这些卷耳，不由地想起自己的心上人，心绪不宁，她将筐子弃在大路旁，感叹起来。这条大路，正通向远方，然而，女子却不能出行去寻找自己的恋人。想当初，他正是从这条路出发的啊。

仿佛回应女子的感叹，备受辛劳的男子在诗中出现了。与恋人坐在平坦的大路旁不同，他正行进在崔嵬的山间。只见他攀上高高土石山，马儿已经疲惫颓丧。望不见恋人啊，且先斟一杯酒，聊慰离思与忧伤。他强打精神，登上高高的山脊梁，马儿累得腿都软了，归路迷茫，只能再斟满一大杯酒麻醉自己，离思已经化为悲伤。在艰难地攀上一篇乱石冈，马儿已经累倒一旁，仆人精疲力竭，仍然看不到家乡的影子，堆在心上的愁思和万般无奈骤然如山崩般滚落，酒精也无法阻挡，他不由得仰天悲呼："怎么办啊？"然而，长呼之后，男子回望自己，只能"吁矣"，悲叹一声而已。

三章之中，随着诗句的进展，空间的阻隔一重一重又一重，仿佛永无止境，体能、精力、马匹的状态每下愈况，在茫茫山峦间，身影渺渺的寥寥几人算得了什么呢？然而，在峰峦叠嶂之间，男子的思念不单没有稀释，反而愈是疲惫就愈是浓烈。仿佛他归家不得的悲呼引动了整个天地，为整个天地抹上了一层悲色，"登山则情满于山"，不单填满山间，更充溢天地之外，历千年而不绝。

这后三章，有人认为是摹写女子想象的男子行役的行为，一般则认为是思家念归的男子自道其事，还有些学者认为第一章和后三章是独立的、残缺的两首诗。其实直面此诗，语义豁然，先写女子，再写男子，"花开两朵、各表一枝"，这种写法正是中国文学常用的技巧。通观全诗，犹如一场永不落幕的戏剧，男女主人公共同出场，在同一个舞台上表达各自的内心独白。诗人将"女曰""士曰"一类的提示词坚决隐去，让女子和男子的声音、境遇冲突式地呈现出来：周行与崔嵬、高冈的冲突，卷耳与金罍、兕觥的对照，嗟和云、吁的相异，情感在强烈的对比中直击人心。

《卷耳》的语言自然而优美，善用实境衬托情感。"崔嵬""高冈""砠"等词语描写路途艰难，衬托旅途艰辛与归家之急迫；"虺隤""玄黄""瘏矣"等词语描写马的状态，衬托旅途的痛苦；借酒浇愁的举动，更是对归家不得的悲愁的直接揭示。自此之后，《卷耳》所开创的高山、登高与怀远之间的关联，深深地烙在中国人的文化中。怀念家人者如"独在异乡为异客，每逢佳节倍思亲。遥知兄弟登高处，遍插茱萸少一人"（王维《九月九日忆山东兄弟》），怀念家国者有"郁孤台下清江水，中间多少行人泪？西北望长安，可怜无数山。青山遮不住，毕竟东流去。江晚正愁余，山深闻鹧鸪"（辛弃疾《菩萨蛮·书江西造口壁》），自伤自怨如"万里悲秋常作客，百年多病独登台。艰难苦恨繁霜鬓，潦倒新停浊酒杯"（杜甫《登高》），当然，还有气力雄霸古今的"前不见古人，后不见来者。念天地之悠悠，独怆然而涕下"（陈子昂《登幽州台歌》）。登高怀远的悲怆之音，历千载而不绝。

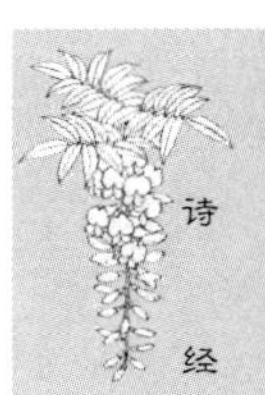

幽幽渺渺，音信茫茫

——《郑风·子衿》

青青子衿，悠悠我心。纵我不往，子宁不嗣音。
青青子佩，悠悠我思。纵我不往，子宁不来。
挑兮达兮，在城阙兮。一日不见，如三月兮。

《子衿》这首诗，《毛诗序》带上美刺的有色眼镜评价道："刺学校废也，乱世则学校不修焉。"说成是一首讽刺教育衰败的诗歌。唐代孔颖达不加分辨，进一步申说："郑国衰乱不修学校，学者分散，或去或留，故陈其留者恨责去者之辞，以刺学校之废也。经三章皆陈留者责去者之辞也。"可全诗中实在没什么"学校废"的痕迹，春秋的郑国史中也没有记载此类事件，倒是郑国子产"不废乡校"大大有名。子产是郑国著名的改革家和政治家。他执政后，有大臣看到国人在乡校中聚会游玩，议论国家政事，就建议毁掉乡校。子产说："为什么？人们早晚的事情结束了到乡校游玩，议论政事的好坏。他们认为好的我就推行，他们厌恶的我就改掉。人民的议论就是我的老师。为什么要毁掉乡校呢？我听说忠善行事能减少怨恨，没有听说施行威权能做到。我难道不知道靠威权就能很快制止议论么？这像防止河水一样：洪水来了，必然伤人很多，我不能挽救。不如把水稍稍放掉一点儿，加以疏通。不如让我听到人民议论的话而作为施政的药石。"孔子说后评论道："从这些话来看，别人说子产不仁德，我不相信。"

从诗意看来，《子衿》是一首女子等待恋人的爱情诗。全诗三章十二句，前两章是女子的心理自叙，可分为结构相同的两层。第一层以衣饰借代恋人，表达相思。"青青子衿"是青色的衣领，是古时候学子常穿的服饰。"青青子佩"则是士子的佩玉，多以青色组绶系在身上。这衣领和佩玉给她留下如此深刻的印象，或许正是她一针一线亲手缝制，亲手为恋人佩带整齐的。

"悠悠"二字叠咏而出，倍增相思萦怀之情。女子苦苦等待恋人前来相会，可把秋水望穿依然不见恋人身影。浓浓的相思无以寄托，不由得转化为幽幽的埋怨：纵然我没有去找你，你难道就此断了音信？纵然我没有去找你，你难道不能主动前来？

明代沈周绘《京江送远图》

吴闿生的《诗义会通》评价说："前二章回环入妙，缠绵婉曲。"这两章几乎全是女主人公的心理描写，而"纵我"与"子宁"相对举，别具意味。钱钟书说："《子衿》云：'纵我不往，子宁不嗣音？''子宁不来？'薄责己而厚望于人也。已开后世小说言情心理描绘矣。"女子等待恋人而不得，万分焦灼的情状宛在目前。尤其是由思念到埋怨的悄然转换，对女孩子心理的描摹可谓入骨三分。主人公热盼而不乏矜持，恋人来了之后如何并未说出，这反而令人生出无限遐想，可谓余韵悠长。

末章的"城阙"点明地点，即城门两边高大的观楼。"挑兮达兮"，形容人来来往往。观楼下人来人往，热闹非凡，人群中却没有恋人的影子。往来人之熙攘和女子之形单影只形成强烈的对照，外在的空间对比猛然转向内心的时间感受：虽然只和他分别了一天，心理却觉得像是分别了三个月那么长。"一日不见，如三月兮"八个字，将心理时间拉长，在和现实时间的夸张反差中，形象地表现女子受煎熬而烦躁、苦闷的心理。再往深处一想，人这一生不过数十年，能有几个三月呢？生活中没有爱，才是对生命最大的摧残。"相思令人老"，古人诚不我欺。

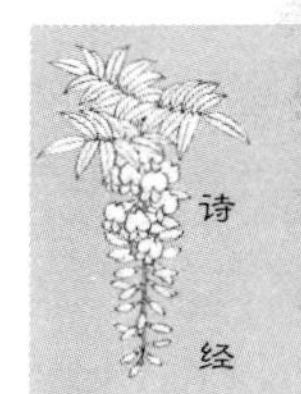

不过反面想来，如果恋人"嗣音"的话又会如何？正是不相见才催生出这厚重的相思。"白头搔更短，家书抵万金"的时代一去不复还，当代社会通讯如此发达，讯息的传达往往使得思念来不及发芽就得到满足，如此厚重的"悠悠我心"是否也变得不合时宜了？

一日不见，如隔三秋

——《王风·采葛》

彼采葛兮，一日不见，如三月兮。
彼采萧兮，一日不见，如三秋兮。
彼采艾兮，一日不见，如三岁兮。

与《子衿》末句形式和句意相似，情感却更加浓烈纯粹的诗歌还有《王风·采葛》。《子衿》中的相思，尚有衣饰可供寄托，还有城阙一角可供徘徊，仍有来来往往的众人与热闹集市可资排遣，《采葛》中的思念却完全没有外在的对应物，相思之情全无遮掩，全无依托，纯粹近乎凝结，浓烈几近悲怆。

全诗三章，诗意简明通晓。“采”是先秦女性的劳动，因此全诗当是男子思念出门劳作的恋人之情歌。每章结构相似，首句叙事，交代了离别原因。二、三句都是恋人喷薄而出的自我剖白。三章只在第三字和第十一字略作改变，反复吟诵之间，思恋逐步加深，恋人激烈跳动的脉搏仿佛巨鼓轰鸣。卿卿我我之类的呓语和具体的爱情故事全被诗人抛之脑后，只留下度日如年的漫长等待。

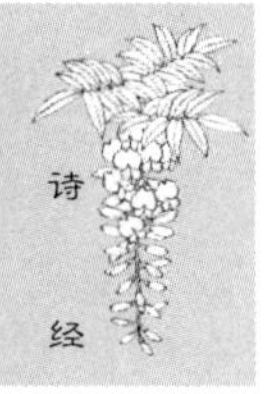

伟大的爱因斯坦曾认真地做过一个关于相对论的实验，并将之发表在1938年第九期的《热科学与技术学报》上。实验过程如下：爱因斯坦坐火车来到纽约，与伟大的电影艺术家卓别林的妻子，美貌异常的戈达在纽约中央车站的“大蚝酒吧”见面。当爱因斯坦觉得似乎过了一分钟时，他看了看手表，发现实际上时间已经过去了五十七分钟。回到家中后，爱因斯坦插上松饼机的插头，让机器加热。然后穿着长裤和长的白衬衫（下摆没有扎到裤子里），坐在松饼机上。他觉得似乎过了一小时的时间，站起来看了看表，发现实际上过了不到一分钟。于是伟大的爱因斯坦得出结论：一个男人与美女对坐一小时，会觉得似乎只过了一分钟，但如果让他坐在热火炉上一分钟，却会觉得似乎过了不止一小时——这就是相对论。

那么,爱恋之乐顿然堕入别离之苦,这时间的相对论又该如何计算?爱之深,思之切,一日该当如何漫长?热恋中的情人谁不渴求耳鬓相磨、朝夕厮守?“悲莫悲兮生别离,乐莫乐兮新相知。”(《楚辞·九歌·少司命》)。即使短暂的分别,在他的心理感受中也无比漫长,难以忍受。千古之下,“一日三秋”的剧烈反差仍会引燃我们的情感。

日本江户时代
《毛诗品特考》所绘萧草图

封建时代的注诗家们却总是往往无视于此,《毛诗序》说:“惧谗,一日不见于君,忧惧于谗矣。”好端端的情诗,被说成大臣一天不被国君召见就害怕谗言祸及自己。吴懋清《毛诗复古录》说:“临时方获其用,若求之太急……一日则如三月之久。”以为是劝诫君主提早蓄养人才,不要等到危机时慌急慌忙找不到可用之人。姚际恒、方玉润、吴闿生一致认为此诗写对远方朋友的怀念。方玉润说:“夫良友情亲如夫妇,一朝远别,不胜相思,此正交情深厚处,故有三月、三秋、三岁之感也!”(《诗经原始》)种种解释,令人瞠目,读者当自一笑而已。

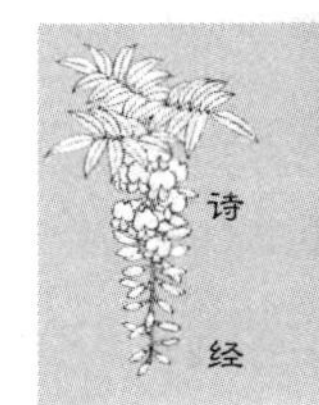

明月美人，初次邂逅

——《陈风·月出》

月出皎兮，佼人僚兮。舒窈纠兮，劳心悄兮。
月出皓兮，佼人懰(liú)兮。舒忧受兮，劳心慅兮。
月出照兮，佼人燎兮。舒夭绍兮，劳心惨兮。

自从《陈风·月出》第一次将目光对向那远在天边的冰冷之物，几乎中国人所有的情感都被镀上了一层月华。月，成了中国最贴人心的自然物。豪迈时"明月出天山，苍茫云海间""中天悬明月，令严夜寂寥"，更要"俱怀逸兴壮思飞，欲上青天揽明月"，旷达时则"星垂平野阔，月涌大江流。名岂文章著，官应老病休。飘飘何所似？天地一沙鸥"，孤独若"花间一壶酒，独酌无相亲"之时必定"举杯邀明月，对影成三人"，彷徨当有"明月何皎皎，照我罗床帏"，思及"不念携手好，弃我如遗迹"的愤懑也曾"明月皎夜光，促织鸣东壁"，悲愤回望"三十功名尘与土，八千里路云和月"，身陷囹圄的落寞处"无言独上西楼，月如钩"，心怀天下会问"何处春江无月明"，恋家必有"床前明月光，疑是地上霜。举头望明月，低头思故乡"，出游还得"明月松间照，清泉石上流。……随意春芳歇，王孙自可留"，明月也可以很有哲理："江畔何人初见月？江月何年初照人？""今人不见古时月，今月曾经照古人。古人今人若流水，共看明月皆如此。"

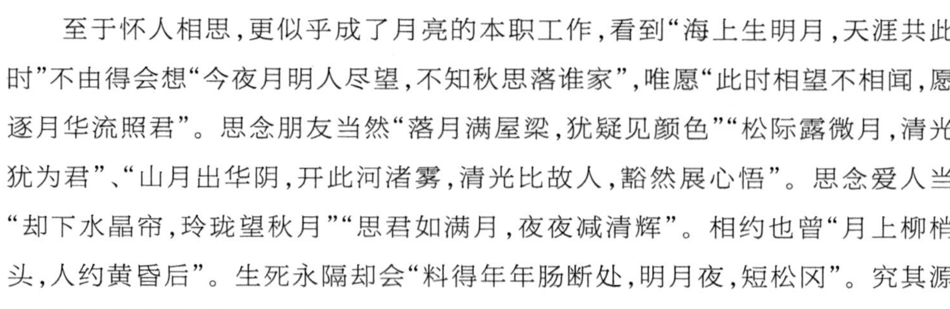

至于怀人相思，更似乎成了月亮的本职工作，看到"海上生明月，天涯共此时"不由得会想"今夜月明人尽望，不知秋思落谁家"，唯愿"此时相望不相闻，愿逐月华流照君"。思念朋友当然"落月满屋梁，犹疑见颜色""松际露微月，清光犹为君"、"山月出华阴，开此河渚雾，清光比故人，豁然展心悟"。思念爱人当"却下水晶帘，玲珑望秋月""思君如满月，夜夜减清辉"。相约也曾"月上柳梢头，人约黄昏后"。生死永隔却会"料得年年肠断处，明月夜，短松冈"。究其源头，都出自这首《陈风·月出》。

《月出》的意境迷离而浏亮。诗人踟蹰于空旷无遮的郊外，白日的劳累、城池的喧嚣都被夜色浸黑抚平。无边无际的郊野中只有诗人来回踱步的微响，他焦急的等待，却总也不见伊人的身影。猛然间一轮皎月冉冉升起，金色的月华却仿佛一捧火焰，瞬间点燃了诗人的情感，对恋人的思念再也无法抑制。诗中并未描绘恋人的样貌，方玉润在《诗经原始》说："从男意虚想，活现出一月下美人。"月的一切品质，正是那无须出现的美人的一切品质：她皎洁、光亮，或许还有圆圆的脸庞，或许"她那美丽动人的眼睛，好像晚上明媚的月亮"（王洛宾《在那遥远的地方》）。

月亮洒下的相思，笼罩一切，"隔千里兮共明月"，躲无可躲藏无可藏。在这朦胧的月光下，诗人的心上人或许离得很远很远，"美人如花隔云端"，或许马上就"月明林下美人来"。

《月出》的情调炽烈而惆怅。全诗三章，结构相同。首句言月光皎洁、素净明亮。二、三句则以月映人，想象这月光也照耀着恋人娇美、妩媚的脸庞和娴雅婀娜的倩影。思恋无以抑制亦无以寄托，不由得脱口而出，末句"劳心悄兮""劳心慅兮""劳心惨兮"喷薄而出，咏叹不绝。这位"佼人"是否也在苦苦地思念着自己？

与诗歌的情感、意境相契合，《月出》的语言柔婉而缠绵。通篇每句都以"兮"字作结，这种写法在《诗经》中只有寥寥四首。"兮"的声调平和绵远，一连十二个"兮"字挥洒出无边的月色，牵连着无尽的思念，极具歌唱性。而且，此诗一韵到底，形容月色的"皎""皓""照"，描写容貌的"僚""懰""燎"，描写体态的"窈纠""懮受""夭绍"，表达情感的"悄""慅""惨"，或属宵部韵，或属幽部韵，宵、幽二韵可通，相押的韵部犹如月光遍照，将全诗的意境和谐统一起来。

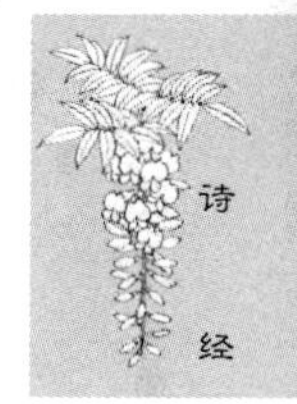

正如月色终古常见而夜夜常新，千年以下，吟咏《月出》总能使人感动，引起共鸣。甚至有当代歌手为之赋曲歌唱，推向世界。在这月光下谁还理会《毛诗序》所说"《月出》，刺好色也。在位不好德而说美色焉"的夺理强词？正是"人有悲欢离合，月有阴晴圆缺，此事古难全。但愿人长久，千里共婵娟"（苏轼《水调歌头》）。

欲拒还迎，无畏之畏

——《郑风·将仲子》

将仲子兮，无踰我里，无折我树杞。岂敢爱之，畏我父母。仲可怀也，父母之言，亦可畏也。

将仲子兮，无踰我墙，无折我树桑。岂敢爱之，畏我诸兄。仲可怀也，诸兄之言，亦可畏也。

将仲子兮，无踰我园，无折我树檀(tán)。岂敢爱之，畏人之多言。仲可怀也，人之多言，亦可畏也。

《郑风》的二十首诗篇中，《将仲子》是篇幅较长的一篇。《毛诗序》说这首诗的题旨："刺庄公也。不胜其母以害其弟。弟叔失道而公弗制。祭仲谏而公弗听。小不忍以致大乱焉。"说这首诗讽刺郑国历史上最英明、功绩最辉煌的郑庄公。

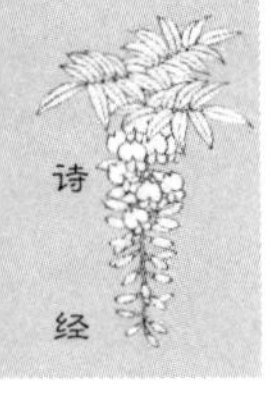

郑庄公是郑武公的儿子，据历史记载，庄公是他母亲武姜"寤生"的。寤生一说是脚先出头后出，也就是难产；一说是武姜在睡眠中生下的，醒后方知。无论哪种情况，武姜都受了很大的惊吓，因此很不喜欢庄公，甚至给庄公起名就叫做寤生。三年之后，武姜顺产下叔段，百般溺爱。郑武公病重去世前，武姜在武公面前进谗言说叔段贤明，请武公废掉庄公，改立叔段为太子，被武公拒绝了。武公病逝后，寤生继承君位，就是郑庄公。

庄公刚刚即位，武姜就请求将制邑，也就是今郑州市荥阳东北，作为叔段的封邑。庄公说："那里不行，制邑地势险峻，虢叔曾经死在那里，是关系到国家安危的军事重地。"于是武姜改而要求庄公将京邑，即今郑州市荥阳东南，封给叔段。京邑是郑国的大城市，城墙高大，人口众多，物产丰富。庄公其实很不情愿，但禁不住武姜再三要求，只好答应。大夫祭仲进谏说："京邑的规模比都城都大，不能作为庶弟的封邑。"庄公说："这是母亲姜氏的要求，我不能不听啊！"

叔段到京邑后，自号京城太叔。他仗着母亲的支持和宠爱，从不把哥哥庄公放在眼里，大张旗鼓地招兵买马积聚实力。郑庄公清楚地知道，母亲厌恶自己，弟弟叔段企图夺权，但他极为隐忍，不动声色，对叔段准备谋反的各种举动更是视而不见，任其自流。大夫祭仲看到叔段的种种的反常举动，进谏说："凡是都邑，城墙的周长超过三百丈就是国家的祸害。所以先王规定，大封邑的规模不超过国都三分之一，中等规模的不超过国都的五分之一，小的不超过九分之一。现在京城不合先王法度，您怎么能容忍这种情况呢？"庄公说："姜氏非要这样，我怎么能避免祸害呢？"祭仲回答说："姜氏怎么会心满意足？不如及早安排，不要让她滋生事端，一旦祸事蔓延就难得对付了。蔓延的野草尚且很难铲除掉，何况是您宠爱的弟弟呢？"庄公说："多行不义必自毙。您暂且等着看吧！"

不久，叔段命令郑国西部和北部边境的城市和军队既服从庄公的命令，又要服从自己的命令。公子吕说："国家不能忍受两位君主，您打算怎么办？如果您要让位给叔段，下臣我就去侍奉他；否则那就请除掉他，不要让百姓生出异心。"庄公说："用不着，他将会自食其果。"叔段还不满足，又将两个城市强行纳入自己的封地，将自己封邑的地界扩大到了廪延。公子吕立即对庄公说："您可以动手剪除叔段了。否则他的势力一大，就会争得民心。"庄公说："没有正义就不能号召人，势力越大崩溃得就越快，再等等看。"

战国铜壶所刻水陆攻战图

叔段经过长时间准备，修整好了城池，储备了足够的粮草，修缮了武器装备，训练了精良的士兵，觉得时机到了，准备袭击郑国都城，取代哥哥自己称王。武姜则打算作为内应，打开城门接应他。庄公获知了叔段叛乱起兵的日期，说："可以了。"于是命令公子吕率领战车二百辆，率先进攻京邑，先发制人。

京邑的人很反感太叔,听说庄公的军队来了,纷纷开城投降。叔段不战而败,仓皇逃到鄢地,庄公又率军追赶到鄢地。叔段再次逃跑到了共国,老死在那里。此役之后,郑国上下一统,叔段为叛乱准备的实力全部被郑庄公接收,郑国最辉煌的时代从此开启,郑庄公也被称作"春秋小霸"。

但是,庄公和叔段兄弟不和,庄公作为兄长,没有尽教诲之责,反而深谋远略地算计弟弟。叔段作为弟弟不但全无尊敬之心,反而要致兄长于死地。兄弟之间尔虞我诈,所作所为都有失人伦。

但是,今天我们细读《将仲子》这首诗,全无一点儿残酷政治斗争的痕迹,感动我们的反而是女子欲拒还迎、畏惧中满怀期待微妙心理。

全诗三章,每章都是女子自己的话。"将"是发语词,意为祈请。首章中,只听女子说道:"求求你,我的好仲子,别翻越我的里墙,别折了我种的杞树。"古代以二十五家为"里",大概相当于现在的胡同。女子看到他的恋人翻墙而来,很是担心。但这位仲子却完全不顾女子的请求。女子继续说道:"哪是舍不得杞树呵,我是害怕父母啊。""岂敢"二字与上句形成转折,形象地表现出女子害怕恋人生气的心理。然而,对父母的害怕刚刚露头,女子的心理又一次转折:仲子你实在让我牵挂。害怕但还是牵挂仲子。末两句,句意再转:但父母的话,也让我害怕。一章之中,句意接连转折四次,曲折回环,极为细微地表现出女子期待恋人却受制礼法的矛盾心理。

但是,我们细细揣摩,女子心中其实是偏向自己恋人的。"仲可怀也"直接说出,毫无停顿,"也"字增强感叹之情,可见女子牵挂恋人之情的强烈。而对父母之言用了"亦"字,意思是"也还是",这似乎是女子在找借口,畏惧的程度远远弱于对仲子的思念。况且,"无踰我里,无折我树杞"似乎是告诫,反过来看,何尝不是提醒?仲子啊,你不要翻墙,有小路可走,你不要折断树枝,弄出声响让我父母知道就不好了——你要悄悄地来啊。

二、三章与首章结构相同,句意相似。不过这位仲子,已经不满足于翻过里墙,而是翻越了女子家的院墙,继而又越过了女子家的菜园。随着诗歌的进展,由里墙而至院墙再至菜园,这在空间上是由远及近;但是女子所畏惧的,却由父母至兄弟再至众人,这在心理感知上是由近及远。女子对仲子的态度,其实是拒之浅而迎之切啊!这与《西厢记》中崔莺莺邀张生约会的情景颇可相映成趣。崔莺莺写诗给张生邀请他前来幽会:"待月西厢下,迎风户半开。拂墙花影动,疑是玉人来。"《将仲子》中的女子,可不也是等待着这玉人来么?只不过张生和莺莺的结局我们都已经熟知，而《将仲子》并未交代诗中恋人是否见面，我们就大可想象了。

当然，在谨遵礼法的儒生们看来，《将仲子》中人物的行为过于大胆。就其本质来说，礼和爱情或许存在着永恒的矛盾。《孟子》中就问道："踰东家墙而搂其处子，则得妻；不搂，则不得妻，则将搂之乎？"亲爱的读者，换做是你，这墙，你翻还是不翻？

《西厢记》演出剧照

指天誓日，永结同心

——《王风·大车》

大车槛槛，毳(cuì)衣如菼(tǎn)。岂不尔思，畏子不敢。

大车啍啍，毳衣如王璊(mén)。岂不尔思，畏子不奔。

谷则异室，死则同穴。谓予不信，有如皦日。

与《郑风·将仲子》中女子一边担惊受怕，一边期待着恋人前来秘密约会全然相反，《王风·大车》描绘了一出女子大胆要求恋人和她私奔的情景剧。《鲁诗》还为此附会出一段贞烈的故事来。春秋时期，楚国攻破了息国都城，俘虏了息君，让他看守楚国的城门以羞辱他。息君夫人极为美丽，也被楚王霸占了。

一天，息夫人趁着楚王出游的机会，找到自己的丈夫息君，对他说："人生最后不过一死而已，何至于让自己受苦！我无时无刻不思念你。虽然现在迫不得已被玷污，但咱们在这世上被生生分离，还不如死后在地下团聚！"于是息夫人作了《大车》这首诗，并唱道："谷则异室，死则同穴。谓予不信，有如皦日。"息君想要劝阻息夫人活下去，夫人死志已决，自杀明志。息君也随即自杀殉情，二人同日而死。楚王出游回来获知此事，被息君和息夫人的有义守节与刚烈忠贞感动，以诸侯之礼合葬了他们。

然而，《大车》的诗句中却并未体现这些事件。全诗三章，语言简明晓畅，诗意可分为两层，前两章是第一层，表现男子驾车前来约会的情景以及约会中女子所说的话。首章大概是他们第一次约会。男子驾着用青色毛毡做车篷的大车，男子心急要早些见到恋人，车赶得飞快，车声隆隆作响。女子或许等了好久，一见到男子，终于松了口气，说："难道我不思念你？就怕你不敢来相会。"第二章则写他

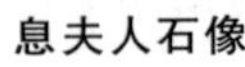
息夫人石像

们另一次约会。男子驾着用红色毛毡做车篷的大车。他知道恋人肯定会等着他,大车赶得慢悠悠,车声沉闷。女子或许是感觉到男子对她没那么热烈了,于是期望他们的关系更进一步,说道:"难道我不思念你?怕你私奔不敢动。"女子对男子的爱冲破礼法的桎梏,为了永远在一起,宁可与他私奔。"畏子不敢"和"畏子不奔"略带讽刺,其实意在反激。姑娘对爱情的态度极为坚决,成还是不成,就在这一句话了——似乎是逼迫,似乎是谈判,其实更是渴望爱人冲破险阻。

然而,姑娘的表白并非没有底线和羞耻,这就是诗歌第三章。虽然随你私奔了,但是如果没有正式的名分,哪怕死后埋在同一坟中,活着的时候也要居不同室。或许这时姑娘看到恋人面色不豫,立即指天发誓:如果你还不信我,太阳作证! 这些话塑造了一位极为生动的女性形象,她热烈而又自持,奔放决绝但并非无矩。此外,全诗把气氛与主人公心情结合起来,相互衬托。前两章车声无疑是小伙子的心声:车声隆隆,小伙子必定是心潮澎湃,而车声低缓沉重,暗合小伙子激情消退。

全诗至女子发誓戛然而止,男子听到姑娘的话后,是感动欣慰还是懦弱退缩,诗歌为我们留下了大大的空白,令人回味无穷。

黑颜美人，高贵风范

——《郑风·有女同车》

有女同车，颜如舜华。将翱将翔，佩玉琼琚。彼美孟姜，洵美且都。

有女同行，颜如舜英。将翱将翔，佩玉将将。彼美孟姜，德音不忘。

《王风·大车》诗末留给我们一个悬念，就诗歌内容而言，《郑风·有女同车》恰好对《大车》做了回应。《毛诗序》说这首诗是："刺忽也。郑人刺忽之不昏于齐。太子忽尝有功于齐，齐侯请妻之。齐女贤而不取，卒以无大国之助，至于见逐。故国人刺之。"太子忽是郑庄公的儿子，即郑昭公。他曾两次谢绝与齐国联姻。最初，齐僖公要把女儿文姜许配给他，太子忽推辞了。有人问太子忽原因，太子忽说："人人都各自有自己的配偶，齐国是大国，我配不上啊。《诗经》里说：'自求多福。'关键还要看自己的能力，依靠大国有什么用呢？"当时祭仲跟太子忽在一起，劝他答应这门亲事，说："国君可以有很多宠爱的姬妾，而太子没有大国的援助对即位不利，您的三位弟弟都有即位的可能和野心。"但是太子忽还是没有答应。其实，文姜在春秋史上可谓臭名昭著。她未出嫁即与自己的哥哥齐襄公乱伦，后来嫁给鲁桓公。成婚十五年后，趁着鲁桓公出访齐国的机会文姜再次和齐襄公私通。鲁桓公知道后勃然大怒，文姜不知改过，反而请齐襄公宴请鲁桓公，将丈夫灌得大醉。齐襄公派彭生将不省人事的鲁桓公抱上马车，在车里杀死了他。——太子忽辞婚文姜，或许是听说了文姜的恶名，担心此次联姻反而会玷污自己的名声。

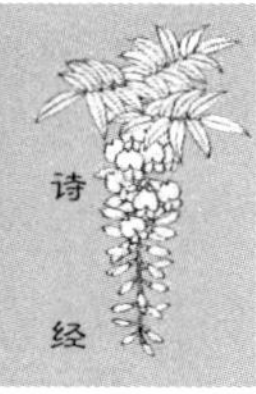

此后不久，北戎侵略齐国，太子忽率领军队支援齐国，大败北戎，俘虏了大良和少良两员大将，斩获了三百名披甲战士的头颅，并在齐国举行了献俘的典礼。这时，齐僖公又要把女儿许配太子忽，太子忽还是坚决推辞。这次，太子忽的理由是："对齐国没做什么贡献的时候，我还不敢答应婚事。现在奉君父之命奔赴齐国的急难，却接受婚姻回国，人民会觉得我是为求婚而去打仗，这怎么行?”齐国联姻太子忽,第一次是要将名声不好的文姜赶紧嫁出,第二次未尝没有借联姻暗地控制郑国的打算。因此,太子忽的辞婚未必没有道理。但是,这极大地伤害了齐国的颜面和自尊,为此后郑国的“公子五争”之乱埋下了祸根。

然而,当我们细读此诗却看不出太子忽辞婚的史事,吸引我们的却是一幅青年男女率性出游的绚丽场景。全诗以男子的视角,写他的所见所闻和心理感受。时值夏秋之交,溽热褪去,秋寒未至,正是天高气爽的好时节。男子驾车偕同恋人一同出游,恋人陪伴在身边,看着恋人如木槿花一般水灵的脸庞,小伙子兴奋极了。他们赶着车子欢快地奔驰,观赏路边风景;车行不方便的幽盛之处,就下车来,“将翱将翔”,跑啊跑啊好似飞翔,这既是描写他们奔跑跳跃,又形容他们的心情欢快激动。姑娘佩戴的美玉晶莹闪亮,叮当作响,似乎也在欢唱。诗中情绪之欢乐,节奏之明快,情感之纯洁,令人心旷神怡。

这首诗每章六句,除了第一句叙事之外,每句都从一个方面赞美女子的美,“颜如舜华”,“颜如舜英”,舜即蕣,又称木槿。木槿夏秋开花,色紫,形容女子面色微紫,在中国文学中可谓独开一路,别开生面。

众所周知,中国人大多以女性肤白为美。《卫风·硕人》说:“肤如凝脂。”庄子曾形如女子肤白说“肌肤若冰雪”。“美人如玉”之类的描写更是不计其数,曹植《洛神赋》:“转眄流精,光润玉颜。”葛洪《抱朴子·至理》:“素颈玉肤惑其目。”杜牧《宫词》:“蝉翼轻绡傅体红,玉肤如醉向春风。”苏轼《四月十一日初食荔枝》:“海山仙人绛罗襦,红纱中单白玉肤。”《世说新语》中也有大量以玉比喻皮肤的描写。玉颜、玉色、玉人之类成了形容美人的俗语套话,甚至有“一白能遮百丑”之说(《陶庵梦忆·卷四》)。

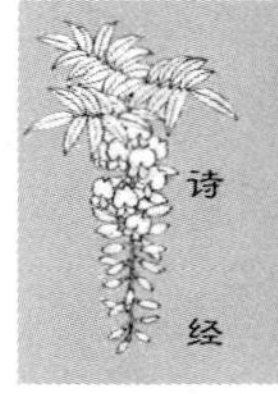

然而,白与美并无必然关联。《左传·昭公二十八年》记载:“昔有仍氏生女,黰黑,而甚美,光可以鉴,名曰玄妻。”这位玄妻皮肤又黑又亮,能照出人影,但仍是个大美女。陶谷《清异录》记载:“波斯女……黑腯而慧艳……赐号媚猪。”这位波斯女子不但黑,还很胖,照样受到宠爱。当代黑人影星哈利·贝瑞也曾多次获封“世上最美丽的女人”。可见,肤色黑并不妨害美丽。在《有女同车》中,男子眼中的恋人“颜如舜华”“颜如舜英”,面色如木槿花一样微紫而略黑,却透出一股灵气,说不定正是一种优点呢。

“将翱将翔”描绘恋人体态轻盈;“佩玉琼琚”和“佩玉将将”形容恋人衣饰华美;“彼美孟姜”点出恋人是姜家的大女儿,身份高贵;“洵美且都”和“德音不忘”则点出女子气质娴雅,品德高尚。尤其一个“都”字,令人着迷。“都”,《毛传》说:

唐代周舫绘

《簪花仕女图》(局部)

"都,闲也。""闲"即"娴",美也。然而,钱钟书先生对此别有一解:"今谚云'京样',即古之所谓'都'。"并引文献说道:"人之分'都''鄙',亦即城乡、贵贱之判。……《敦煌掇琐》二四《云谣集·内家娇》第二首:'及时衣着,梳头京样';刘禹锡《历阳书事七十韵》:'容华本南国,妆束学西京';陆游《五月十一日夜且半梦从大驾亲征》:'凉州女儿满高楼,梳头已学京都样';皆'都'之谓欤。"

原来,最让人着迷的不是恋人的面色和衣饰,"养移体、居移气",恋人长久以来浸润而生的大方、高贵、娴雅的气质、风范才最迷人。这种气质,换今天的话说,就是"京范儿"。这样一位健康而高贵的京范儿美人,谁不向往呢?

云谁之思，旖旎幽远

——《鄘风·桑中》

爰采唐矣，沬之乡矣。云谁之思，美孟姜矣。期我乎桑中，要我乎上宫，送我乎淇之上矣。

爰采麦矣，沬之北矣。云谁之思，美孟弋矣。期我乎桑中，要我乎上宫，送我乎淇之上矣。

爰采葑矣，沬之东矣。云谁之思，美孟庸矣。期我乎桑中，要我乎上宫，送我乎淇之上矣。

读《桑中》这首诗最有趣的法子，是倒过来读。先读每章的最后三句，再读第三、第四句，最后读前两句。后三句似乎是主人公“我”的回忆。他颇为得意地回忆恋人从“期”到“要”再到“送”自己的过程，恋人期待着自己到桑林来约会，见面后在上宫欢好，缠绵过后，爱人恋恋不舍地在淇上送别自己，真是旖旎的幽会欢好三部曲。“桑中”即桑树林中，古代桑树往往种植在“社”旁边。“社”是祭祀土地神的场所，现今北京的地坛就是明清两朝的“社”。桑林往往地处幽远，是幽会的绝佳场所。美人在桑林中期待着爱人的到来，两人相见之后，欢好的地点选在“上宫”。“上宫”是皇陵的附属建筑——天子的祖庙。“桑中”和“上宫”都与祭祀相关，神圣祭祀之所成了幽会欢爱之地，于禁忌之地行禁忌之事，不得不令人赞叹爱情力量的

汉墓画像砖桑林野合图

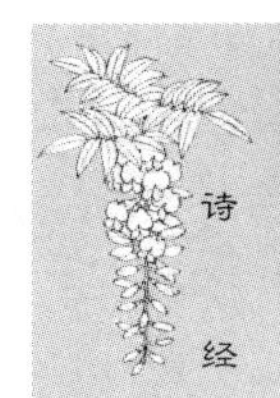

强大。"淇上"即淇水边，欢爱后女子恋恋不舍，直送到淇水边方才告别，依依不舍之情、难解难分之态可谓历历在目。主人公"我"意气风发得意扬扬之态虽未描写，但我们自可想见。

回过头看每章的三、四句，这两句只替换一个字，由此引出三个人名：孟姜、孟弋和孟庸。《毛诗序》和《毛诗正义》等文献中的传统解释，都认为这分别是姜家、弋家和庸家的长女。现代学者顾颉刚和俞平伯经过考证认为，三个名字其实是一个人。若前者正确，那么这首诗就成了男子与三位女子的私情描写，"期""要""送"的地点、过程也完全相同，这并非是爱情，而是滥情，那么《桑中》或许就是《诗经》中最令人作呕的一首诗。如果后者正确，三个人名确指一人，则三章的内容仅仅是同意重复，这又不符合《诗经》铺陈复沓的一般规律，与本诗各章一、二句的写法都不相同。两种解释都难以令人接受，令人费解。

最后再看各章的一、二句。沬，即牧野，武王克商的战役就发生在这里。只听主人公唱道：采摘女萝在哪里？就在牧野郊外。采摘麦子在哪里？就在牧野北边。采摘芜菁在哪边？就在牧野东边。这六句诗描写主人公"我"在牧野周围辛勤采摘劳作。咦，我们不禁要问，主人公"我"，或许仅仅是位中日辛劳的农夫？

嗯，应该就是农夫。紧接着我们不仅要怀疑，在等级壁垒森严的先秦，一位地位低下、未接受良好教育的农夫怎么可能得到美人青睐，让美人，或美人们，又是期待又是邀请更依依不舍呢？哦，原来关键就在于"云谁之思"四个字，这四个字点出整首诗是农夫自己的心理活动，他自己在想象孟姜、孟弋和孟庸。真相彰显，不由得令人遽尔发笑：整首诗，不过是野汉子的狂想而已。

终日劳作的农夫生活艰难、爱情无望，对美丽女子和奇妙爱情的幻想就成了他的乌托邦，"望梅止渴""画饼充饥"的狂想使他在无尽的辛劳中暂且觅得一个仅供喘息的角落。其实，农夫所痴情向往的并非真实的女子或爱情，而是对幸福安逸生活的渴望。带着这样的眼光重读《桑中》，不由得悲从中来——对于农夫来说，这只是"无望之望"而已。

《桑中》这首诗，据说和春秋时著名的夏姬相关。夏姬未出嫁就与哥哥子蛮通奸，后来嫁给陈国的夏御叔。丈夫死后曾和陈国的孔宁、仪行父以及国君陈灵公鬼混，淫乱无比。他的儿子夏南忍无可忍，就杀死了陈灵公，驱逐了孔宁和仪行父。楚国以此为由发兵攻灭陈国，诛杀夏南。楚庄王想纳夏姬为妾，遭到申公巫臣的反对，他说："不行。君王召集诸侯出兵，是为了讨伐罪人；现在收纳夏姬，就是贪恋美色了。贪恋美色就是淫，会受到重大的处罚。《周书》说：'宣扬道德，谨慎惩罚’，文王因此而创立周朝。如果出动诸侯的军队反而受到重大处罚，就过于不谨慎了。您还是考虑一下吧！”楚庄王罢了娶夏姬的念头，王子子反也想要娶夏姬，巫臣对他说：“夏姬个不吉利的人。她使子蛮早死，夏御叔病亡，陈灵公和夏南被杀，孔宁、仪行父逃亡，陈国因此灭亡。娶她如此不吉利！人生在世实在很不容易，如果娶了夏姬，恐怕不得好死吧！天下漂亮的女人很多，为什么一定要娶她？”子反打消了这个念头。

于是，楚庄王把夏姬赐给了连尹襄老。襄老在和郑国的战争中战死，尸首无存。消息传回楚国，他的儿子黑要就和夏姬私通。这时，巫臣派人向夏姬传达消息说：“回到你的娘家郑国去，我娶你。”其实，在战乱年代，一个无依无靠的漂亮女人怎能不期待安定的生活和真心爱她的人？以前的淫乱生活，对夏姬来说未免不是一种痛苦。巫臣的诺言为夏姬打开了通向幸福生活的天窗。接着，巫臣又派人到郑国，假装郑国人召唤夏姬，说：“襄老尸首找到了，你一定要亲自来迎接。”一番准备操纵之后，夏姬把要回郑国迎接襄老尸首的事情报告楚庄王。楚庄王就向巫臣征询意见。巫臣回答说：“这事情恐怕是真的。”楚庄王就打发夏姬回郑国去。将要动身的时候，夏姬对送行的人说：“迎不回尸首，我就不回来了。”果然，夏姬在郑国住下，再也不回楚国了。

其后不久，楚庄王去世，楚共王即位，派巫臣出使齐国。巫臣出行前把一切家财全部都带上。有人碰上巫臣，说：“怪哉！这个人肩负军事、外交重任，本应由有戒惧之心，却带着‘桑中’幽会的喜悦之色，估计将要带着别人的妻子私奔吧！”从楚国到齐国要途经郑国，刚到郑国，巫臣就放弃使命带着夏姬逃走了。后来两个人逃亡到晋国，定居了下来。《毛诗序》说：“《桑中》，刺奔也。卫之公室淫乱，男女相奔，至于世族在位，相窃妻妾，期于幽远，政散民流，而不可止。”其中“相窃妻妾，期于幽远”或许指的就是夏姬和巫臣的故事吧。

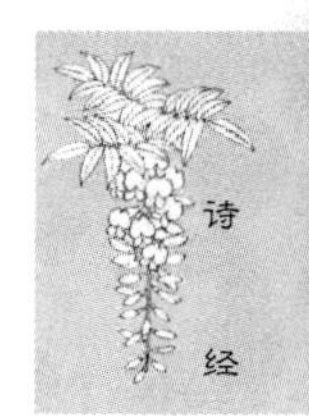

汉广难渡，家国相阻

——《周南·汉广》

南有乔木，不可休息。汉有游女，不可求思。
汉之广矣，不可泳思。江之永矣，不可方思。
翘翘错薪，言刈其楚。之子于归，言秣其马。
汉之广矣，不可泳思。江之永矣，不可方思。
翘翘错薪，言刈其蒌。之子于归，言秣其驹。
汉之广矣，不可泳思。江之永矣，不可方思。

与《桑中》的"云谁之思"不同，《汉广》围绕"汉有游女，不可求思"反复咏叹。《汉广》全诗三章，每章八句，从诗意与情感节奏上看，又可分为两个递进的层次。首章开篇以"南有乔木，不可休息"起兴，是第一层。乔木一般指树身高耸的树木，树枝较高，树荫难得，这已经喻示了女子高尚出众，求不可得。

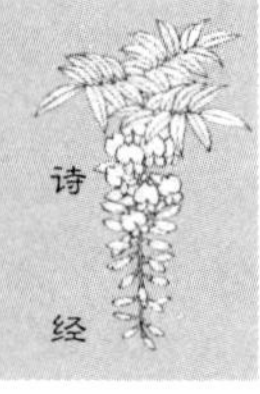

诗中所思念的对象"游女"身份如何，历来众说纷纭。一派以为游女即是汉水女神。齐诗、鲁诗、韩诗都持此说，鲁诗与《韩诗内传》更附会出一个故事来：周朝人郑交甫游历汉水，在水边遇到两个姑娘，她们身着盛装，佩戴着像鸡蛋那么大的明珠。郑交甫一见之下心生贪念，不知道她们是神人，对他的仆人说："我一定要得到她们的明珠。"仆人劝告说："这个地方的人伶牙俐齿，贸然去请求很有可能受侮辱。"郑交甫不听，下车与两位女子搭讪道："两位小姐辛苦了。"女子很客气地回答了他："公子辛苦了。"接着，交甫花言巧语获得女子们的信任，两位女子解下明珠交给了他。一得手，交甫将明珠掖进怀里一溜小跑，跑了数十步，低头一看，怀里空空如也，什么都没有。回头再看，两位女子忽然就不见了。鲁诗认为这二位就是《汉广》中记载的"游女"，也就是汉水女神。唐代李善也说："游女，汉水神。"当代学者闻一多先生认为"游"的意思"当为浮行水上，如《洛神赋》云：'凌波微步，罗袜生尘'之类。"游女就是漂浮在汉水上的女子，当然是神女了。

当然更为合理的解释由郑玄提出，他戴上了道德有色眼镜，把游女解释成出游的贤洁女子。朱熹跃出道德的窠臼说："江汉之俗，其女好游，汉魏以后犹然，如《大堤之曲》可见也。""游"是江汉之地的风俗，美丽女子往往于春日盛装出游。李白《惜余春赋》"想游女于岘北，愁帝子于湘南"，苏东坡的《陌上花三绝》"陌上花开蝴蝶飞，江山犹是昔人非。遗民几度垂垂老，游女长歌缓缓归"，都是这一类例子。江上游女既然是人间女子，自然有追求与婚娶的可能，诗人的思念与失望才有了具体的对象。

也有把游女当成妓女的，如明代陈继儒《〈楚江情〉序》："自《西楼记》出，海内达官文士、冶儿游女以至京都戚里、旗亭邮驿之间，往往抄写传诵。"还有学者将游女翻译成游泳的女人，遥想两千年前，在辽阔的江面上，有一美丽女子逐浪而游，江边一位青年樵夫痴痴地望着她，痛苦地断绝了自己的思念。矫健的女子、痴情的男人，此情此景，难免不有当代韩剧的感觉，让人恍惚间将穿越了两千年的时空距离，令人莞尔。

首章最动人的地方在于八句中连说四个"不可"，淋漓尽致地表达出诗人的无望与痛心。首章末尾两句由实入虚，互文现义。"汉之广矣，不可泳思"，无法跨越的天堑斩断了诗人行动上追求游女的可能；"江之永矣，不可方思"，这浩渺的江水更熄灭了诗人对游女的思念。明明知道她就在对岸，却瞻望难及，慢慢地连思念都无处寄托，在大自然的造化面前身心俱被碾压，爱恋只能化作一江春水付诸东流。

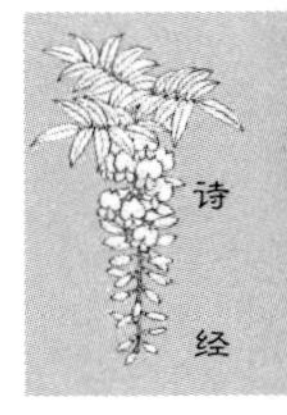

二、三章句式结构几乎相同，只是在前四句换了两个字，以"蒌"替换"楚"，以"驹"替换"马"。"伐薪""束薪"等在《诗经》中总和婚姻联系在一起，是婚姻前聘礼的一个步骤。其他诗例还有《齐风·南山》"析薪如之何，匪斧不克。取妻如之何，匪媒不得"和《唐风·绸缪》"绸缪束薪，三星在天。今夕何夕，见此良人"等。马瑞辰说："诗人多以薪喻婚姻……此《诗》'束薪''束刍''束楚'，《传》谓'以喻男女待礼而成'是也。"(《毛诗传笺通释》)可以看出，前四句中诗人希望"之子于归"，充满干劲地"秣马"，期待着和游女合法合礼成婚。

然而，二、三章与首章相同的最后四句"不可泳思"和"不可方思"，一咏三叹反复铺陈，对合法婚姻的热烈追求并未成功，婚前的积极准备尚未发挥作用，诗人便深深地跌落幻灭的深渊，相思破灭和绝望之意喷薄而出，长歌当哭，不忍卒读。陈启源《毛诗稽古编》中概括《汉广》的诗境为"可见而不可求"，钱钟书《管

五代关全绘
《山溪待渡图》(局部)

锥篇》说诗境为“企慕情境”,即所渴望、所追求的对象远在一方或对岸,能够眼望心至却无法手触身接,可以永远向往,但注定永远分隔。纵观《诗经》中爱恋痛苦绝望之最,非《汉广》莫属。

何以如此?难道江水的地理阻隔真能够将深爱的人儿分开?《卫风·河广》歌唱道:“谁谓河广,一苇杭之。谁谓宋远,跂予望之。谁谓河广,曾不容刀。谁谓宋远,曾不崇朝。”谁说黄河宽又广?一支苇筏可飞航。谁说宋国太遥远?踮起脚跟即在望。谁说黄河广又宽?其间难容一小船。谁说宋国太遥远?赶去尚及吃早餐。《河广》一诗中也是河水间隔相亲相爱的人儿,但与《汉广》迥然相异的是,宽阔的黄河在有心人眼中可以轻易度过。黄河可渡,为何汉水不可泳?

原来,秘密全在“汉”和“江”这里。自周文王开始,周人就开始经营江汉领域。文王的儿子召公图南国,江汉一带是其真正目标。据郑玄《诗谱·周南召南》说:“至纣又命文王典治南国江汉汝旁之诸侯。”文王时候,江汉之地的诸侯已经听命于周国了。金文中也曾记载:“南国民子,敢臽虐我土。”南国就是指江汉流域,文王、武王时期周国已经将江汉视做自己的疆土。虽然汉水北岸的诸多姬姓诸侯国大多数建国于武王克商之后及西周中叶,但周人在克商以前应该就在江汉流域建立了若干据点。然而,江汉之地并非一直掌控在周人手中。

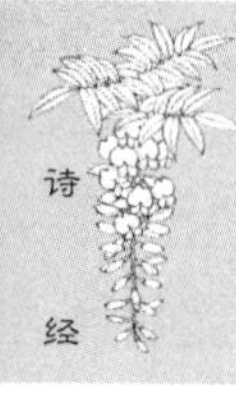

《左传·哀公六年》:“江汉睢章。楚之望也。”这里明说远离中原的江汉之地,隶属于楚国。楚国先祖是黄帝重孙、五帝之一颛顼高阳氏的后裔。楚国是周朝南方最强大的诸侯国,《战国策·楚策一》说:“楚,天下之强国也。楚地西有黔中、巫郡,东有夏州、海阳,南有洞庭、苍梧,北有汾陉之塞、郇阳,地方五千里。”全盛时的楚国囊括了现在湖北、湖南全省,河南、安徽、江苏、江西、贵州、浙江、重庆的部分地区。《韩诗外传》中说:“汝淮以为险,江汉以为池,缘之以方城,限之以邓林。”《汉广》中的江汉正是楚国的心腹之地。水边的盛装游女正是一位楚国贵族。

按照《毛传》的说法,《汉广》的诗意是:“德广所及也。文王之道被于南国,美化行乎江汉之域。无思犯礼,求而不可得也。”诗歌表现中原周文化征服楚国，主人公想要在不违背周礼的同时追求游女，这首诗被解释成了道德范文。

但事实绝非如此。历史上，楚国与周王朝的关系一向恶劣。周昭王十六年，昭王亲自率军南征，汉水和淮水流域二十六邦国均来朝见，以示臣服。昭王因胜而骄，继续南下攻打楚国。渡过汉水后，遭到以兕（类似犀牛的独角兽）为图腾的部落的阻击。接着，有人献给昭王一艘用胶水粘成的极为漂亮的大船，昭王得意扬扬地乘坐这艘船横渡汉水，至汉水中央胶水溶化，昭王以及众位重臣、大将落水而死，周军六师丧尽，军队主力覆灭。这次南征，周王朝的威信被极大削弱，和南方诸国的矛盾也被激化。自昭王之后"王道衰微"。周夷王时，楚王熊渠说："我蛮夷也，不与中国之号谥。"楚王自认蛮夷，不承认周王朝的名号与统治。春秋时，楚庄王陈兵于洛水，兵临周朝国都之下，向周王朝示威。周派使者慰劳楚军，楚庄王向使者打听周王朝建国之初铸造的宝鼎的大小轻重，暗示楚庄王有夺取周朝江山的意思。看来，楚国一向是周王朝的重大威胁。

楚国的风俗、文化与中原也大不相同，"信巫鬼，重淫祀"（《汉书地理志》），"其俗信鬼而好祠"（王逸《楚辞章句》）。可见，文王之化的真实情况其实是周王朝在军事与文化上的双重失败。楚国与中原周王朝政治上敌对多于和谐，文化上冲突多于相容。从周初的臣服于周，到西周中叶之后脱离周朝掌控，江汉之地成了周代统治者的伤心之地。

考虑此一历史背景，《汉广》就再也不是单纯的樵夫求爱不得的咏唱。诗中的主人公在汉水一侧，应该是周朝人，而他要追求的游女却在汉水另一侧，是楚国人，分隔二人的并非是一湾江水，而是政治与文化鸿沟。《汉广》所描写的不仅仅是跨国爱情，更面临着人类爱情的永恒困境：爱情能够超越家国矛盾、民族情感和道义之情么？金庸《倚天屠龙记》中的爱情悲剧颇可一提。张翠山带着妻子殷素素与儿子张无忌历尽千辛万苦回到武当山，却突然发现妻子是害死自己情若手足的同门师兄的元凶。夫妇之情和兄弟之情不分轩轾，爱情与道义的冲突无法化解，张翠山只能自刎谢世。当代大量以爱情与家国、民族冲突为叙事动力的电影和文学作品，究其源头，都隐约可以看到《汉广》的影子。

当然，我们大可以猜测，主人公追求游女，要将游女娶回家，恐怕也并非是单纯的爱情描写，更是周朝渴望征服楚国的一种隐喻。不过，这样看诗，求之过甚，淡而寡味，每一位具有丰富情感的敏感心灵，都会自动回避这种读法吧。

至此，我们聆赏《诗经》中偶遇、相约的情感之旅就暂告一段落，经过了漫长的爱情长跑，婚姻的篇章正向我们走来。

琴瑟和鸣，婚姻万象

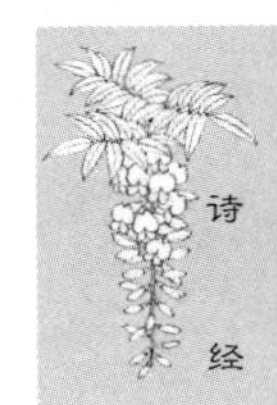

《诗经》不但是爱情大观园，更是婚姻万花筒。遍观于此，黄昏迎亲的焦急期待，春宵一刻的风流得意，洞房之中的窃窃私语，夫唱妇随亲昵举动，令人恨不得身与其焉；然而婚姻破裂的泫然而泣、弃妇受尽冷眼身心俱残，令人感同身受。无数男女因爱结合，又因爱尽而分裂。爱情之外的杂物诸如身份地位、政治、父母之命等，在《诗经》的婚姻世界之中没有存在的位置。让我们先看看古人是如何迎亲的。

黄昏迎亲，黎明未至

——《陈风·东门之杨》

东门之杨，其叶牂牂。昏以为期，明星煌煌。
东门之杨，其叶肺肺。昏以为期，明星晢晢。

《陈风》中的“东门”是个有名的地方，这里有“丘”“池”“枌”，是青年男女们理想的相约幽会之处。《陈风》中的爱情诗和婚姻诗，大多与此地相关。这首《东门之杨》则描写女子等待未婚夫前来迎亲的场景。

全诗二章八句，语义通晓明白。这是一个温凉的夏夜，主人公驻足在都城东门外的挺拔高大的白杨边。清风吹过，“其叶牂牂”，“其叶肺肺”，满树碧叶“牂牂”“肺肺”作响，荡漾出一片摇曳多姿的树影。黄昏悄然降临，星辉历天，树叶中漏下点点星光，藏蓝的天空被割离成不规则的片段。伴随着树叶“牂牂”“肺肺”的浅唱低吟，主人公的心儿随之低回婉转，由充满喜悦的企盼慢慢滑落——来迎接我成亲的队伍，怎么还不到来？约定好黄昏即至，现在，已经“明星”高企了啊。

清代改琦绘
《靓妆倚石图》

“煌煌”“晢晢”的明星并不是指夜空中所有的星星，而是专指启明星，就是太阳系九大行星中的金星。它黄昏时隐于西天，黎明时分于东方灼灼升起。《郑风·女曰鸡鸣》歌咏“子兴视夜，明星有烂”，描绘的就是它黎明时候在东方升起的景象。明晰了“明星”的意义，我们便知道，涌动在这首诗中的并非是等待迎亲的喜悦，而是终夜盼望却不见爱人前来的焦灼。

“昏以为期”，古人迎亲多在傍晚。《白虎通·嫁娶》说：“婚者，昏时行礼，故曰婚。婚时行礼何？示阳下阴也，婚亦阴阳交时也。”《周易》中曾记载这样一个晚上迎亲引起误会故事：“睽孤，见豕负涂，载鬼一车。先张之弧，后说之弧。匪寇，婚媾。”有一个人走夜路，看到猪趴在泥地里，一辆车在黑暗中浮现，车上好像是满车的鬼。吓得他赶紧张开弓，就要射的时候发现，那不是什么鬼，也不是贼人，而是娶亲的队伍啊。

古人对于婚礼极其重视，认为婚礼是结合两国之好的重要途径，也关系到传宗接代血脉延续。婚礼的程序极为复杂，单单在成婚前就有纳采、问名、纳吉、纳征、请期五个步骤。为了表示对婚礼的敬慎，每一步男方都要派使者到女方家来，女方家长则都是要在宗庙中铺设筵几，再拜迎使者于门外。进入宗庙门，宾主揖让，升阶登堂，在祖先灵位的见证下听使者传达男方的意见。

到了迎亲这天，新郎的父亲要亲自向新郎敬酒，命其迎亲。儿子奉命前去迎娶，女方的父母也要在宗庙里铺筵设几，然后到宗庙外拜迎女婿。女婿拿着大雁进入宗庙，与岳父岳母互相揖让后升阶登堂。女婿行再拜稽首的大礼，然后把大雁放在地上，象征从岳父岳母手中领回了妻子。然后新妇随着丈夫出门。新郎亲自为妻子架车直到自家的大门外。下了车，新郎在大门外等候，妻子下车后，丈夫向她作揖，请她一同进入家门。进入洞房后，夫妻象征性地共食同一个锅中的肉，又剖开葫芦，每人拿着半个葫芦共同喝一口酒，以表示夫妇一体，不分尊卑，婚礼才算是完成，夫妇才算是正是成亲。

不过《陈风·东门之杨》这首诗没有描写婚礼的每一个步骤，这首诗其实以“赋”法侧面暗示主人公的心理，在长夜漫漫的等待之中，借温柔的白杨树声和耀眼的启明星，来反衬不见爱人的焦灼。全诗没有一句直抒胸臆的心理描写，但种种懊恼之色、哀伤之情浮雕般展现于我们眼前。而且诗篇开头全无征兆，直至末句方才迎来诗意的转折，使得诗中的景物描写所蕴含的情感色彩猛然逆转，哀乐的强烈情绪却转换于不知不觉间完成。全诗虽然短小，但艺术效果却令人叹为观止。

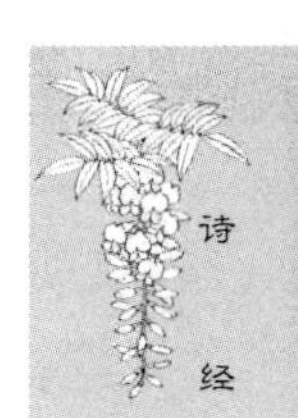

人面桃花，宜其室家

——《周南·桃夭》

桃之夭夭，灼灼其华。之子于归，宜其室家。
桃之夭夭，有蕡其实。之子于归，宜其家室。
桃之夭夭，其叶蓁蓁。之子于归，宜其家人。

《陈风·东门之杨》中的女子有没有等来迎亲的夫婿，我们不得而知。《周南·桃夭》已经歌颂新娘婚后能给夫家带来幸福欢乐了。每部经典中都会有一些脍炙人口、众人皆知的作品，《桃夭》正是这样一首诗。

全诗三章，每章稍稍变换字句，形成复沓，但这并不意味着单纯的重复。每章皆以“桃之夭夭”领起，“夭”字，钱钟书先生考证字意当为“笑”，满树繁花绽放如笑，喜气洋洋，给全诗奠定了幸福欢乐的基调。其后，继之以桃花、桃果和桃叶结成比喻，与桃树的生长相对应，诗意渐次变化，意蕴逐步深入。

首章以艳红耀眼的桃花比喻年轻美丽的新娘。热烈盛开的桃花纷纷吐蕊绽芳，新娘兴奋中透着羞涩，双颊飞红，人面和桃花两相辉映，情景交融。尤其是“灼灼”二字，其本义为“炙也”(《说文解字》)，指火焰旺盛。以火焰之旺盛比喻桃花盛开之繁华，又以桃花比喻女子，双重比喻叠加，不单形容女子面容之娇艳，更展现女子青春活力之充盈，真给人照眼欲明之感，真是最美的比喻，最好的颂辞！无论谁读过这样的名句，眼前都会浮现出一个桃花一样美艳，青春气息洋溢的少女形象。清代姚际恒在《诗经通论》评论此句说：“开千古词赋咏美人之祖”，并非过誉。从此，中国文学史上桃花和美人结下了不解之缘。阮籍《咏怀诗》之十三“夭夭桃李花，灼灼有辉光”，崔护《都城南庄》“去年今日此门中，人面桃花相映红”，陈师道《菩萨蛮》词“玉腕枕香腮，桃花脸上开”等等都当远宗于此。《桃夭》的影响更溢出文学之外，民国时陈子展先生说：“辛亥革命以后，我还看见乡村人民举行婚礼的时候，要歌《桃夭》三章……”(《国风选译》)

第二章祝愿新妇早生、多生贵子。桃花盛开之后自然就会结果。“蕡”形容果子又肥又大，比喻新娘顺利生产，多生贵子。

第三章则以桃叶的茂盛祝福新娘家庭。桃树枝头硕果累累，枝叶茂密成荫，比喻新嫁娘婚后生活家庭美满，儿孙成群。

南宋无名氏绘《碧桃图》

通观三章，“家室”“室家”和“家人”三个词含义相同。一个“宜”字道尽了作者的祝福之意。朱熹《诗集传》说：“宜者，和顺之意。室谓夫妇所居，家谓一门之内。”这两章没有庸俗地夸耀双方家世如何门当户对，女方陪嫁如何丰盛，而是反反复复宣明“宜其家人”，强调新娘与家人和睦相处的美好品德，强调她的到来会使家庭和美。一个“宜”字，掷地有声，令人深思。

我们知道，古人十分重视婚姻和家庭，朱嘉说：“有天地然后有万物，有万物然后有男女，有男女然后有夫妇，有夫妇然后有父子，有父子然后有君臣，有君臣然后有上下，有上下然后礼义有所错。男女者，三纲之本，万事之先也。”（《诗集传》卷七）在古人眼中，夫妇是人伦之基，君臣、父子等三纲五常的伦理要求和礼仪秩序等社会制度，都以夫妇关系为基础，由夫妇和睦所生发。不但如此，家庭更被看做国家的基础，所谓“欲治其国者，先齐其家”，家庭的和谐与否，关系到国家的长治久安。因此，战国时候魏文侯说：“家贫则思良妻，国乱则思良相。上承宗庙，下启子孙，如之何可以苟，如之何其可不慎重以求之也！”夫妇向上承接宗庙祖先，向下开启子孙后裔，怎能不慎重呢？《礼记·大学》评价《桃夭》时说：“宜其家人，而后可以教国人。”“宜家”是为了“宜国”，“宜家”与“宜国”本就是两位一体。这样一来，《桃夭》的意义就不再限于一家一姓，而是具有了普世的教化意义。

《桃夭》语言清新，形象鲜明，含蕴深刻，怪不得直到今天，无论谁稍稍涉猎《诗经》，都能吟诵“桃之夭夭，灼灼其华”了。

春宵私语，和睦新婚

——《郑风·女曰鸡鸣》

女曰："鸡鸣。"士曰："昧旦。""子兴视夜，明星有烂。""将翱将翔，弋凫与雁。"

"弋言加之，与子宜之。宜言饮酒，与子偕老。"琴瑟在御，莫不静好。

"知子之来之，杂佩以赠之。知子之顺之，杂佩以问之。知子之好之，杂佩以报之。"

新婚夫妇三天回门之后，就正式开始了他们的婚姻生活。《郑风·女曰鸡鸣》就是新婚夫妻尽情地享受婚姻之乐著名诗歌。这首小诗纯用赋体，记载新婚男女黎明时分的对话，恰似一场生活话剧，每一章都展示了一个情意绵绵、情感诚笃的特写场景。

第一个场景：公鸡刚一打鸣，勤老的妻子便起床了。古代将一天分为十二时辰，鸡鸣又名荒鸡，是第二个时辰，相当于现在的凌晨一点到三点。妻子早早起床，要准备着开始这新一天的劳作。回首一看，丈夫依然躺在床上，妻子催促丈夫起床，她并没有直说，而是委婉地告诉丈夫"鸡已打鸣啦"，爱怜之意溢于言表。丈夫慵慵懒懒，还想多睡会儿，于是说："天还没有亮呢。"丈夫直白的话语似乎流露出些许不快。不过，丈夫也并非不讲道理的大男子主义者，似乎觉得自己刚才的话太强硬了，便辩解地补充说："不信你推开窗看看天上，启明星还闪闪发亮呢。"

妻子对丈夫的推脱辩解心领神会，但她坚持催促丈夫起来，于是提高嗓音说："宿巢鸟雀将要翱翔，赶紧准备好去芦荡射鸭射雁，去晚了就会两手空空毫无所获了。"妻子意思虽然坚决，口气却仍然柔顺。这一章中，妻子的催促温柔缱绻，丈夫也并不摆出一家之主的道德面孔，二人的对答极具生活气息。言语之间，丈夫留恋春宵之态，妻子温柔大气之品性依稀可见。

二章写妻子送丈夫出门的场景。丈夫听到妻子的再三催促后终于起床了。妻子帮他准备好打猎的装束，或许是对自己性急催促丈夫略有愧疚，她便半是致歉半是慰解地对丈夫说："你将野鸭大雁射下来，回家来我为你烹调做好菜。做好佳肴咱们共同饮酒，白头偕老永远相爱。"妻子如此勤勉贤惠、温柔体贴，丈夫怎能不幸福和满足？就连记载下这一场景的诗人也禁不住现身评价道："他们的感情真像琴瑟合鸣一样，美满和谐，美好的生活无过于此啊。"张尔歧《蒿菴闲话》对"琴瑟在御，莫不静好"颇为赞赏，说道："此诗人凝想点缀之词，若作女子口中语，觉少味，盖诗人一面叙述，一面点缀，大类后世弦索曲子。"诚为明通之言。

第三章的场景坠链而出，与上两章自然衔接。丈夫被妻子的温情深深感动，他拿出自己的玉佩增给妻子，反反复复一咏三叹地说："知道你对我真心关怀呀，送你杂佩答谢你的爱呀。知道你对我体贴细心呀，送你杂佩以表谢意呀。知道你爱我是真情呀，送你杂佩以表同心呀。"这一举动或许出于诗人的想象，但也是诗歌情境的必然发展。"赠之""问之"与"报之"，急管繁弦之中恩爱之情满溢于目，丈夫对妻子热烈的感情也表现得酣畅淋漓。至此，这场情意绵绵生活话剧也达到了艺术的高潮。

此篇的诗旨，其实并不晦涩。《毛诗序》说："《女曰鸡鸣》，刺不说德也，陈古义以刺今，不说德而好色也。"认为这首诗是讽刺人们不喜欢道德而喜欢美色，真是迂阔。男欢女爱本是人之常情，何必忌讳？连孔子都曾感叹："吾未见好德如好色者也。"(《论语·子罕第九》)儒家的礼学著作《礼记·礼运篇》也都承认："饮食男女，人之大欲存焉。"所以闻一多先生说："《女曰鸡鸣》，乐新婚也。"新婚夫妻尽情享受婚姻之乐，身心相融，情意缠绵，和谐自在，如此令人羡慕，令人赞叹，大胆地歌咏出来，有何不可呢？

清代颜炳绘《东山日出》扇面

与子同梦，君王不朝

——《齐风·鸡鸣》

鸡既鸣矣，朝既盈矣。匪鸡则鸣，苍蝇之声。
东方明矣，朝既昌矣。匪东方则明，月出之光。
虫飞薨薨，甘与子同梦。会且归矣，无庶予子憎。

和《郑风·女曰鸡鸣》情景相似，意蕴两样的是《齐风·鸡鸣》。这首诗的主题，众说纷纭，《毛诗序》带上美刺的眼镜解释道："哀公荒淫怠慢，故陈贤妃贞女夙夜警戒相成之道焉。"将诗歌解释成女子们互相告诫不要荒淫怠慢政事的对话。朱熹《诗集传》则以为是赞美诗，说道："言古之贤妃御于君所，至于将旦之时，必告君曰：鸡既鸣矣，会朝之臣既已盈矣，欲令君早起而视朝也"，"故诗人叙其事而美之也"。现代以来，大多数学者认为此诗记叙了一对贵族夫妇凌晨时分卧房中的私语，极具生活情趣。

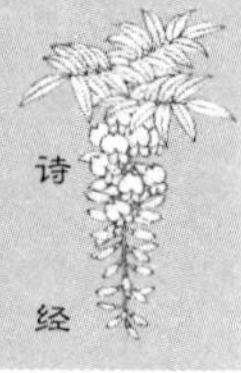

古时候，国君早朝多于凌晨开始。《左传·宣公二年》记载了赵盾的故事。赵盾是晋国名臣，他屡次进谏晋灵公而不得用。昏庸的晋灵公很讨厌赵盾，居然派杀手刺杀他。这天凌晨，赵盾像往常一样早早起床，穿带得整整齐齐，准备上朝。由于时间还早，夙夜忙碌的赵盾坐着微微地打瞌睡，等候入朝。杀手看到后退出屋外，感叹说："时刻不忘记恭敬，赵盾真是为百姓做主的好大臣。刺杀他是对百姓不忠，放弃国君的命令却是失信。这两件事有一件都不如死了好。"于是杀手撞在槐树上自杀了。明代的《明会典》则记载大臣必须午夜起床，凌晨三点就要到达午门外等候。紫禁城凌晨五点左右开启宫门，百官即按官职高下依次入宫。终日劳作的农夫日升而做，日落而息，鸡鸣即宣告太阳初升。可见，鸡鸣即起，是古代中国的传统。

而本诗的丈夫却并非如此。首章中，妻子推推丈夫的身子催促说："公鸡喔喔叫啦，上朝官员已经到啦。"丈夫赖床不想起来，迷糊着推脱道："这又不是公鸡声，是那苍蝇嗡嗡闹。”想来鸡啼和苍蝇声音的区别应该清晰可辨，怎么会听不清楚？这当是丈夫的戏谑，细微的“反常”之处恰恰展现出夫妇之间的脉脉温情。试想，如果二人感情僵硬冷淡，断然不会有这样令人会心一笑的“傻话”“疯话”。清代姚际恒说：“愚谓此诗妙处须于句外求之。”（《诗经通论》）这句外的妙处，亲身体验过水乳交融般的甜蜜夫妇情感之人才能意领神会。

过了很久，妻子再次催促说：“东方都蒙蒙亮啦，官员已经站满朝堂啦，再不起就惹人笑话啦。”丈夫依然拖延贪眠，说：“这不是东方亮，是明月在发光。”将朝阳的初霞说成明亮的月光，贪恋衾枕，缠绵难舍之态宛若目前。不但如此，他还想与妻子再入梦乡，只听他又说道：“虫子飞来嗡嗡响，乐意与你温好梦。”而妻子还保留了一份清醒，催促更紧迫，说：“上朝的官员都快散会啦，再不起床，你我岂不让人记恨啊！”已经微有嗔意了。

闺房之乐，陷人甚深，古今中外皆同。钱钟书先生在《管锥编》中列举外国文学的例子说：“莎士比亚剧中写情人欢会，女曰：‘天尚未明；此夜莺啼，非云雀鸣也。’男曰：‘云雀报曙，东方云开透日矣。’女曰：‘此非晨光，乃流星耳。’可以比勘。”唐代白居易《长恨歌》描写唐明皇和杨贵妃沉溺于爱情之中，曾有“春宵苦短日高起，从此君王不早朝”一句，可谓《齐风·鸡鸣》诗意的延续。历来王朝灭亡时，文人们总会将责任归结到某个女子身上，妺喜、妲己、褒姒、赵飞燕、陈圆圆等等，无不被压上了祸水的罪名。然而，女性从没有发出自己声音的场合，更没有为自己辩解的权利。现实中，她们往往“无庶予子憎”，比男性所承受的憎恨更多。男子们因为个人欲望而忘记家国、责任，罪责却又被他们推给所掌控的女子们承担，女子们可怜，而男子们可悲。

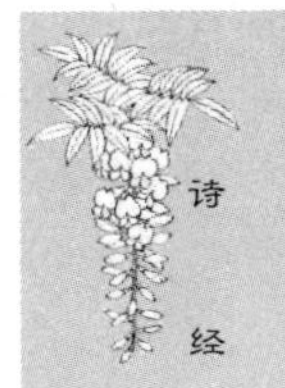

这首诗短短三章，以四言为主，杂以五言，句式错综，接近口语，正是“真情实境，写来活现”（姚际恒《诗经通论》），千载之下，读来仍觉余音袅袅，宛在目前。

日升月行，夫唱妇随

——《齐风·东方之日》

东方之日兮，彼姝者子，在我室兮。在我室兮，履我即兮。

东方之月兮，彼姝者子，在我闼兮。在我闼兮，履我发兮。

《齐风·东方之日》是首很有趣的诗。全诗二章，都以诗人“我”的第一人称口吻，描写“姝者”的行为。郑玄解释“姝”字说：“姝者，初昏之貌。”用以形容女子刚结婚不久的美貌。那么这首诗，就是男女新婚不久后，丈夫描绘自己眼中的妻子的作品。

只见迎着初升的旭日，那个美丽新娘，就在内房中啊。想到此，主人公不由得柔情蜜意满溢于胸，他不由自主地微微地笑了，这幸福如此甜蜜，让他似乎有些恍惚，不由得要再确认一次。没错，就在我家内房中啊。新娘在内房干什么呢？主人公一回头，原来爱人就悄悄地走在我后面，悄悄地跟着我呢。第二章中，新月初上，这样的亲密场景复现眼前。令人不由得羡慕：这才是夫唱妇随的样子嘛。

清代陈崇光绘《柳下晓妆图》

“东方之日”和“东方之月”两句不单是环境描写，而是“兴”，更以日月光辉比喻爱人的美貌。这一比喻对后世影响颇深，宋玉《神女赋》：“其始来也，耀乎若白日初出照屋梁；其少进也，皎若明月舒其光。”曹植《洛神赋》“仿佛兮若轻云之蔽月……皎若太阳升朝霞。”诗人以日月的光辉比喻爱人的美貌，更暗示了诗人的感受：这女子的容貌之美照彻了诗人全副身心，占据了他的全部感受，她的美貌夺人耳目，令人不由地生出仰望之情，毫无亵渎之心，其震撼之处自不待言。

本诗两章除了第二句外，一、三、四、五句都以“兮”字结尾，一连八个“兮”字为韵脚，在《正韵》一书中被称为“联章韵”，读来音节舒缓绵延，咏叹之情意流连齿间。不过，如此美妙的一首诗《毛诗序》却说：“君臣失道，男女淫奔，不能以礼化也。”谁会同意呢？

执子之衣，求子勿离

——《郑风·遵大路》

遵大路兮，掺执子之袪兮。无我恶兮，不寁故也。

遵大路兮，掺执子之手兮。无我丑兮，不寁好也

当然，《诗经》中的爱情和婚姻并不全是一片和谐温情，弃妇、绝情之诗也时时可见。《卫风·氓》就曾用赋体详细描绘了女子年老色衰、被休离婚之后的悲惨生活和命运。而《郑风·遵大路》则用短短两章，笔力万钧地刻画出一幅声情并茂的爱情破裂分离场景。全诗未用比兴，没有景色描写，纯为直陈其事的赋体，句式上每句都押韵，第二章首句的“路”，清代王引之《经义述闻》说：“当作道，与手、丑、好为韵。”

全诗二章八句，诗人择取了发生在大路旁的一个镜头：男子狠心诀别，女子拽着他的衣袖，拉紧他的手，苦苦哀求他留下。上下两章篇幅虽短，却层次井然。每章的前两句都是以第三人称描绘女子的动作，上章女子紧紧抓着男子的衣袖，可以想见男子正要拂袖而去，女子哀求男子不要因为自己德行不好而离开，然而德行是内在的，无法直接证明；下章男子狠心迈步前行，女子紧跟男子，抓住他衣袖里的手，无法证明自己的德行，女子不得已退而求其次，以色相吸引男子。

每章后两句则以第一人称呼告的语气反复哭诉：“莫要嫌我把气怄啊，不念旧情轻分手呀！”“莫要嫌弃把我丢啊，抛却恩爱不肯留呀！”千言万语堵在心头，她已经想不出还有什么话能说，也没有力气说出来了。她多么渴望自己的哀求能让他回心转意，重归于好。但是诗至此却戛然而止，不了了之，留下了一大片画面空白，但是我们能猜想到，结局并不美丽。从衣袪到手，女子的动作由外而内，但恳求男子留下的理由却从德到色，这是由内而外。一内一外之间，寥寥几笔描绘出形神并茂一幅写意画，女子心急如焚委屈莫名却伤心无奈，她无力的

动作、悲怆的哭诉以及可以猜想到的悲戚的结局，给我们留下难以磨灭的震撼。清代陈震《读诗识小录》评价道："上二句有风萧水寒之气，下二句见倾心吐胆之情，音曼而悲，此《离骚》之开山也。"牛运震《诗志》评论说："恩怨缠绵，意态中千回百折"，"相送还成泣，只三四语抵过江淹一篇《别赋》"。

诗中既没有明言二人决裂的原因，也没有说明他们的关系，这使得本诗的题旨难以澄明，《毛诗序》说道："思君子也。庄公失道，君子去之，国人思望焉。"郑庄公昏庸，贤人们都离他而去，国人都盼望贤人回归。清初何楷在《诗经世本古义》中别创一说："周公卿欲留郑庄公也"。郑庄公是周平王的卿士，卿士被称作"君之贰也"，相当于摄政王。周平王为了制衡郑庄公，分权给虢公。周平王死后，周桓王希望让虢公单独执政，于是和郑庄公发生争执。公元前707年，周桓王罢免郑庄公左卿士的职位，郑庄公进行报复，拒绝朝见周王。于是，周桓王率领天子六师及蔡、卫、陈等三国的军队讨伐郑国，反而在葛这个地方被郑军打得大败。这样看来，所谓的"周公卿欲留郑庄公也"不过是后世文人的妄想而已。

其他对此诗题旨的论述还有很多，比如朱熹《诗集传》指斥此诗为"淫妇"诗，他说："淫妇为人所弃，故于其去也，揽其祛而留之曰：子无恶我不留，故旧不可以遽绝也。"戴君恩《读诗臆评》则以为是妻子送别丈夫之诗。姚际恒《诗经通论》又说是"故旧于道左（旁）言情，相和之辞"。但是，当我们遵从心灵的响应直面此诗时，千古以前女子绝望的呼喊依然惊心动魄，这是人类普世情感的悸动，又何必非要找出其中的微言大义方才罢休呢？

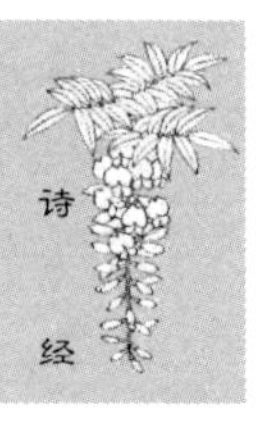